AF276299

COLEX

GRACIAS POR CONFIAR EN COLEX

Disfrute gratuitamente **DURANTE UN AÑO** de los eBook, audiolibros y Colex Copilot de las obras de Editorial Colex*

ACTIVA TU CÓDIGO PARA ACCEDER A LOS SERVICIOS

1. Accede a **www.colex.es**.

2. Inicia sesión o regístrate como usuario.

3. Dirígete al menú de usuario y haz clic en **«Mis códigos»**.

4. Introduce el siguiente código **(RASCA PARA VER EL CÓDIGO)**:

◆ Una vez se valide el código, aparecerá una ventana de confirmación y su eBook / audiolibro / Colex copilot estarán activos **durante 1 año desde su activación** en la pestaña «Mis libros» en el menú de usuario.

No se admitirá la devolución si el código promocional ha sido manipulado y/o utilizado.

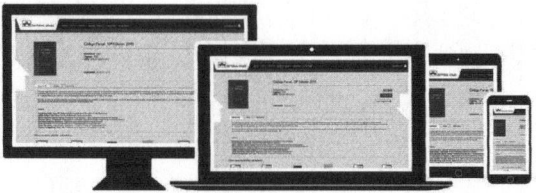

¡Gracias por confiar en nosotros!

La obra que acaba de adquirir incluye de forma gratuita la versión electrónica.

Acceda a nuestra página web para aprovechar todas las funcionalidades de las que dispone en nuestro lector.

Funcionalidades eBook

Acceso desde cualquier dispositivo con conexión a internet

Idéntica visualización a la edición de papel

Navegación intuitiva

Tamaño del texto adaptable

Síguenos en:

NUEVA FUNCIONALIDAD CON INTELIGENCIA ARTIFICIAL EN LOS LIBROS DE COLEX

| Una cortesía de Iberley.es |

En Colex damos un paso más en innovación jurídica. Desde ahora, las guías «Paso a paso» y los «Vademecum» incorporan una nueva funcionalidad basada en **inteligencia artificial**, gracias a la tecnología de **Iberley IA**.

El lector podrá interactuar directamente con el contenido del libro de forma inmediata, útil y centrada exclusivamente en su materia.

☑ **¿Qué puede hacer el usuario en el libro?**

💬 Realizar preguntas sobre el contenido del libro.

📚 Solicitar explicaciones de artículos, conceptos o normativa.

☀ Utilizar un ChatBot inteligente, contextualizado y acoplado al contenido legal del libro.

💡 Resolver dudas puntuales mientras se estudia o trabaja con la obra.

☒ **¿Qué no puede hacer esta versión del ChatBot?**

✗ No permite generar escritos jurídicos.

✗ No analiza ni responde documentos externos.

✗ No responde a consultas de otras materias distintas a la del libro.

Esta herramienta está pensada para enriquecer la experiencia de lectura y consulta del libro. Su uso es exclusivo sobre su contenido.

¿QUIERES IR MÁS ALLÁ? DESCUBRE IBERLEY IA

Si necesitas una **solución avanzada de inteligencia legal**, con cobertura total de materias y documentos, entra en **www.iberley.es** y accede a todas las funcionalidades profesionales:

CUADRO SIMBÓLICO DE FUNCIONALIDADES		
Funcionalidad	**En los libros Colex**	**En Iberley.es**
Preguntar sobre el contenido del libro	✓	✓
Solicitar explicaciones jurídicas	✓	✓
ChatBot integrado al contenido del libro	✓	✓
Consultas sobre otras materias	✗	✓
Análisis de documentos externos	✗	✓
Generación de escritos jurídicos	✗	✓
Traducción jurídica	✗	✓
Informes y resúmenes legales automáticos	✗	✓
Contratos, guías prácticas y emails para clientes	✗	✓
Estrategias judiciales y jurisprudencia instantánea	✗	✓

EL PROCEDIMIENTO DE INSPECCIÓN TRIBUTARIA

Análisis práctico del procedimiento
de inspección tributaria

EL PROCEDIMIENTO DE INSPECCIÓN TRIBUTARIA

Análisis práctico del procedimiento
de inspección tributaria

EDICIÓN 2026

**Obra realizada por el Departamento de
Documentación de Iberley**

COLEX 2026

© Editorial Colex, S.L.
Calle Costa Rica, número 5, 3.º B (local comercial)
A Coruña, 15004, A Coruña (Galicia)
info@colex.es
www.colex.es

I.S.B.N.: 979-13-7011-613-2
Depósito legal: C 196-2026

SUMARIO

ANEXO.
CASOS PRÁCTICOS

0.
INTRODUCCIÓN

El procedimiento de inspección tributaria

El procedimiento de inspección tributaria se encuentra regulado en los artículos 141 a 159 de la Ley General Tributaria (en adelante, LGT) y en los artículos 166 a 197 sexies del Reglamento General de las actuaciones y los procedimientos de gestión e inspección tributaria y de desarrollo de las normas comunes de los procedimientos de aplicación de los tributos (en adelante, RGAT). Este procedimiento tiene por objeto comprobar e investigar el adecuado cumplimiento de las obligaciones tributarias y en el mismo se procederá, en su caso, a la regularización de la situación tributaria del obligado mediante la práctica de una o varias liquidaciones.

El procedimiento de inspección puede iniciarse de oficio o a petición del obligado tributario. El artículo 149 de la LGT es el encargado de establecer la facultad del obligado tributario para que, en aquellos casos en que esté siendo objeto de unas actuaciones de carácter parcial, pueda solicitar a la Administración tributaria que las mismas tengan carácter general respecto al tributo y, en su caso, períodos afectados.

La ley establece un plazo máximo de duración del procedimiento señalando con carácter general un máximo de 18 meses el cual podrá ser de 27 meses cuando concurran ciertas circunstancias. Ahora bien, la ley prevé determinados supuestos en los que estos plazos pueden extenderse. Para el cómputo del plazo se contará desde la fecha de notificación al obligado tributario de su inicio hasta que se notifique o se entienda notificado el acto administrativo resultante del mismo. A efectos de entender cumplida la obligación de notificar y de computar el plazo de resolución será suficiente con acreditar que se ha realizado un intento de notificación que contenga el texto íntegro de la resolución.

El incumplimiento del plazo de duración del procedimiento al que nos referimos no determina la caducidad del procedimiento, el cual continuará hasta su terminación, pero producirá los siguientes efectos respecto a las obligaciones tributarias pendientes de liquidar:

- No se entenderá interrumpida la prescripción como consecuencia de las actuaciones inspectoras.

- Los ingresos realizados desde el inicio del procedimiento hasta la primera actuación practicada con posterioridad al incumplimiento del plazo y que hayan sido imputados por el obligado tributario al tributo objeto de las actuaciones inspectoras tendrán el carácter de espontáneos a los efectos del artículo 27 de la LGT.

- No se exigirán intereses de demora desde que se produzca dicho incumplimiento hasta la finalización del procedimiento.

El resultado de las actuaciones inspectoras se documentará mediante actas, las cuales pueden ser:

- Actas con acuerdo: cuando para la elaboración de la propuesta de regularización deba concretarse la aplicación de conceptos jurídicos indeterminados, cuando resulte necesaria la apreciación de los hechos determinantes para la correcta aplicación de la norma al caso concreto, o cuando sea preciso realizar estimaciones, valoraciones o mediciones de datos, elementos o características relevantes para la obligación tributaria que no puedan cuantificarse de forma cierta, la Administración tributaria, con carácter previo a la liquidación de la deuda tributaria, podrá concretar dicha aplicación, la apreciación de aquellos hechos o la estimación, valoración o medición mediante un acuerdo con el obligado tributario.

- Actas de conformidad: cuando el obligado tributario o su representante manifieste su conformidad con la propuesta de regularización que formule la inspección de los tributos.

- Actas de disconformidad: cuando el obligado tributario o su representante no suscriba el acta o manifieste su disconformidad con la propuesta de regularización que formule la inspección de los tributos.

1.
NORMAS COMUNES EN LOS PROCEDIMIENTOS TRIBUTARIOS: REGULACIÓN

Regulación común en los procedimientos tributarios

Las normas comunes en los procedimientos tributarios en España están reguladas principalmente por la Ley 58/2003, de 17 de diciembre, General Tributaria (LGT). En particular, el **capítulo II,** del título III de la LGT regula las normas que han de regir los procedimientos de aplicación de los tributos regulados en el título III de la ley, esto es, los procedimientos de gestión, inspección y recaudación.

La Ley General Tributaria recoge exclusivamente las especialidades que presentan los procedimientos tributarios respecto a las disposiciones generales sobre procedimiento administrativo, que serán de aplicación salvo lo expresamente previsto en las normas tributarias. La **disposición adicional 1.ª de la LPAC** establece en este sentido que las disposiciones de esta ley regirán **supletoriamente** en defecto de norma tributaria aplicable.

- Los procedimientos de **gestión e inspección** se rigen por el Real Decreto 1065/2007, de 27 de julio, por el que se aprueba el Reglamento General de las actuaciones y los procedimientos de gestión e inspección tributaria y de desarrollo de las normas comunes de los procedimientos de aplicación de los tributos.

- El de **apremio** por el Real Decreto 939/2005, de 29 de julio, por el que se aprueba el Reglamento General de Recaudación.

- El **procedimiento sancionador** en materia tributaria se rige por las normas especiales contenidas en el título IV (artículo 207 de la LGT), por el Real Decreto 2063/2004, de 15 de octubre, por el que se aprueba el Reglamento general del régimen sancionador tributario, y supletoriamente por las generales del procedimiento administrativo sancionador establecidas en la LPAC (artículos 53, 56, 77 y 85).

Las **especialidades** más significativas que presentan los procedimientos tributarios en las distintas fases son las siguientes:

- En la **fase de iniciación**, el procedimiento puede instarse de oficio o por el obligado tributario, mediante las modalidades de autoliquidación, declaración, comunicación, solicitud o por cualquier medio previsto en la normativa tributaria (artículo 98 de la LGT). El interés público que subyace en la represión del fraude fiscal lleva a admitir la denuncia pública en el artículo 114 de la LGT.

- En la **fase de desarrollo**, en el procedimiento tributario, a diferencia de lo establecido con carácter general en el artículo 82 de la LPAC, podrá prescindirse del trámite de audiencia previo a la propuesta de resolución (artículo 99.8 de la LGT), cuando se suscriban actas con acuerdo o cuando puedan formularse alegaciones después de la propuesta de resolución. También presenta singularidad la práctica de la prueba (artículo 99.6 de la LGT), no resultando necesaria la apertura de un período específico ni la comunicación previa de las actuaciones a los interesados (a diferencia de los artículos 77.2 y 78 de la LPAC).

- La falta de **resolución** en plazo presenta ciertamente especialidades respecto del procedimiento administrativo común. En lo demás se contemplan las causas generales de terminación del procedimiento, con la singularidad de la terminación convencional mediante las actas con acuerdo.

Según lo señalado por el artículo 97 de la LGT, las **actuaciones y procedimientos de aplicación de los tributos** se regularán:

- Por las normas especiales establecidas en la Ley General Tributaria y la normativa reglamentaria dictada en su desarrollo, así como por las normas procedimentales recogidas en otras Leyes tributarias y en su normativa reglamentaria de desarrollo.

- Supletoriamente, por las disposiciones generales sobre los procedimientos administrativos.

También resulta interesante el título III del RGAT, dedicado a los principios y disposiciones generales de la aplicación de los tributos, especialmente el capítulo III, titulado «Normas comunes sobre actuaciones y procedimientos tributarios».

A TENER EN CUENTA. En cuanto a los procedimientos especiales de revisión hay que atender a las normas especiales establecidas en los artículos 213 y ss. de la LGT y por el Reglamento General de Revisión en Vía Administrativa (Real Decreto 520/2005, de 13 de mayo).

1.1. Principios generales en la aplicación de los tributos

La aplicación de los tributos: aproximación a los principios generales

Los artículos 83 a 96 de la Ley General Tributaria (LGT) regulan aspectos fundamentales relacionados con la aplicación de los tributos, la información y asistencia a los obligados tributarios, y el deber de colaboración. Antes de adentrarnos en las normas comunes sobre actuaciones y procedimientos tributarios, conviene destacar determinados aspectos y principios generales de la aplicación de los tributos.

‖ Competencia y ámbito de aplicación de los tributos

El artículo 83 de la LGT establece el ámbito de aplicación de los tributos, señalando que comprende todas las actividades administrativas dirigidas a la información y asistencia a los obligados tributarios, así como a la gestión, inspección y recaudación. Además, incluye las actuaciones de los obligados tributarios en el ejercicio de sus derechos y el cumplimiento de sus obligaciones tributarias y también el ejercicio de las actividades administrativas y de las actuaciones de los obligados que se realicen en el marco de la asistencia mutua.

Este artículo también señala que las funciones de aplicación de los tributos deben ejercerse de forma separada de la resolución de las reclamaciones económico-administrativas que se interpongan contra los actos dictados por la Administración tributaria, garantizando la independencia en los procedimientos.

> **CUESTIÓN**
>
> **¿Cómo se desarrolla la aplicación de los tributos?**
>
> Se desarrollará a través de los siguientes procedimientos:
>
> – De gestión.
>
> – De inspección.
>
> – De recaudación.
>
> – Otros procedimientos previstos en el título III de la LGT.

Por otra parte, se complementa esta regulación al establecer que corresponde a cada Administración tributaria determinar su estructura administrativa para el ejercicio de la aplicación de los tributos.

En cuanto a la **competencia territorial** en la aplicación de los tributos, el artículo 84 de la LGT establece que se atribuirá al órgano que se determine por la Administración tributaria, en desarrollo de sus facultades de organización, a través de una disposición que deberá ser objeto de publicación en el boletín oficial correspondiente. En el caso de que no exista una disposición expresa, se atribuirá la competencia al órgano funcional inferior en cuyo ámbito territorial radique el domicilio fiscal del obligado tributario. Conviene destacar aquí la **STS n.º 1487/2024, de 23 de septiembre, ECLI:ES:TS:2024:4703**, en la que se analiza ampliamente el citado artículo, su desarrollo y sus implicaciones, afirmando que el artículo 84 de la LGT no fija un mapa cerrado de competencias territoriales, sino que remite a la propia Administración tributaria la determinación de la estructura y de la competencia territorial, mediante normas de organización que deben publicarse oficialmente, estableciendo como criterio supletorio que en defecto de disposición expresas, la competencia territorial corresponde al órgano en cuyo ámbito se sitúe el domicilio fiscal del obligado tributario. La sentencia subraya que esta flexibilidad organizativa (autoorganización) debe ir unida a un fuerte autocontrol: publicidad de las normas, transparencia, motivación y respeto a los derechos del contribuyente.

‖ Información y asistencia a los obligados tributarios

La LGT dedica varios artículos a garantizar la información y asistencia a los obligados tributarios. En este sentido, el artículo 85 de la LGT establece que la Administración tributaria debe proporcionar información y asistencia sobre sus derechos y obligaciones. Esto incluye:

- La publicación de textos actualizados de las normas tributarias y de la doctrina administrativa de más trascendencia.
- Las comunicaciones y actuaciones de información realizadas por los servicios destinados a tal efecto en los órganos de la Administración tributaria.
- Las contestaciones a consultas escritas.
- Las actuaciones previas de valoración.
- La asistencia a los obligados en la realización de declaraciones, autoliquidaciones y comunicaciones tributarias.

CUESTIÓN

¿Qué son las consultas tributarias escritas y cuáles son sus efectos según los artículos 88 y 89 de la Ley General Tributaria?

Las consultas tributarias escritas permiten a los obligados tributarios y a ciertas entidades formular preguntas a la Administración tributaria sobre el régimen, clasificación o calificación tributaria que les corresponda, siempre que se presenten antes de los plazos establecidos para cumplir con sus obligaciones tributarias. Estas consultas deben cumplir requisitos reglamentarios y son respondidas por los órganos competentes en un plazo de seis meses, sin que la falta de respuesta implique aceptación de los criterios expresados en la consulta.

Las respuestas a estas consultas tienen efectos vinculantes para la Administración tributaria en relación con el consultante, siempre que no se modifique la legislación o jurisprudencia aplicable y no se alteren las circunstancias del caso. Además, los criterios expresados en las respuestas pueden aplicarse a otros obligados tributarios en casos de identidad de hechos y circunstancias. Sin embargo, estas respuestas no interrumpen los plazos tributarios ni son recurribles, aunque sí lo son los actos administrativos posteriores que se basen en ellas.

|| La colaboración en la aplicación de los tributos

El artículo 92 de la LGT establece el deber de colaboración de los obligados tributarios con la Administración, disponiendo en su primer apartado que: «*Los interesados podrán colaborar en la aplicación de los tributos en los términos y condiciones que reglamentariamente se determinen*».

Especialmente relevante resulta lo dispuesto en el artículo 93 de la LGT que regula las obligaciones de información y señala que tanto las personas físicas y jurídicas, como las mencionadas en el artículo 35.4 de la LGT (las herencias yacentes, comunidades de bienes y demás entidades que, carentes de personalidad jurídica, constituyan una unidad económica o un patrimonio separado susceptible de imposición), están obligadas a proporcionar a la Administración tributaria los datos, informes, antecedentes y justificantes con trascendencia tributaria relacionados con el cumplimiento de sus propias obligaciones tributarias o deducidos de sus relaciones económicas, profesionales o financieras con otras personas.

La LGT contiene un listado de obligaciones de información para determinados obligados que consisten en:

- Los retenedores y los obligados a realizar ingresos a cuenta deberán presentar relaciones de los pagos dinerarios o en especie realizados a otras personas o entidades.

- Las sociedades, asociaciones, colegios profesionales u otras entidades que, entre sus funciones, realicen la de cobro de honorarios profesionales o de derechos derivados de la propiedad intelectual, industrial, de autor u otros por cuenta de sus socios, asociados o colegiados, deberán comunicar estos datos a la Administración tributaria.

- Las personas o entidades, incluidas las bancarias, crediticias o de mediación financiera en general que, legal, estatutaria o habitualmente, realicen la gestión o intervención en el cobro de honorarios profesionales o en el de comisiones, por las actividades de captación, colocación, cesión o mediación en el mercado de capitales deberán comunicar dichos datos a la Administración tributaria.

- Las personas o entidades depositarias de dinero en efectivo o en cuentas, valores u otros bienes de deudores a la Administración tributaria en período ejecutivo estarán obligadas a informar a los órganos de recaudación y a cumplir los requerimientos efectuados por los mismos en el ejercicio de sus funciones.

- Las personas y entidades que, por aplicación de la normativa vigente, conocieran o estuvieran en disposición de conocer la identificación de los beneficiarios últimos de las acciones deberán cumplir ante la Administración tributaria con los requerimientos u obligaciones de información que reglamentariamente se establezcan respecto a dicha identificación.

- Las personas jurídicas o entidades deberán comunicar a la Administración tributaria la identificación de los titulares reales de las mismas.

Por su parte, el artículo 94 de la LGT regula los deberes de informar y colaborar de determinadas autoridades, de partidos políticos, sindicatos, juzgados y tribunales...

La obligación de informar del artículo 93 de la LGT se desarrolla en el RGAT, concretamente en su capítulo V, del título II, dedicado precisamente a las obligaciones de información.

RESOLUCIÓN RELEVANTE

Sentencia del Tribunal Supremo n.º 1766/2023, de 21 de diciembre, ECLI:ES:TS:2023:5872

Asunto: carácter autónomo del requerimiento de información.

«(...) en función de su objeto, cabe distinguir requerimientos individualizados de obtención de información que versan sobre las propias obligaciones tributarias del requerido, de aquellos otros en los que el requerimiento se refiere a datos no del propio requerido sino de terceros con los que aquel ha mantenido relaciones económicas, profesionales o financieras.

Pues bien, aunque el precepto únicamente parece reconocer el carácter autónomo (es decir, fuera de un procedimiento de aplicación de los tributos) del requerimiento individualizado dirigido a terceros, cabe entender que también los dirigidos al obligado tributario pueden realizarse fuera del procedimiento de comprobación o investigación pues, en ningún caso, suponen el inicio de dicho procedimiento.

Por tanto, en función del momento en que se formulen, los requerimientos individualizados de obtención de información pueden efectuarse con carácter previo a la iniciación de los procedimientos de aplicación de los tributos o formularse en el curso de un procedimiento ya iniciado, distinción que, aparte de la relevancia que entraña por lo que se refiere al régimen de impugnación (constituir o no un acto de trámite), incide, directamente, sobre el plazo del que dispone la Administración para realizar una actuación con trascendencia tributaria y, en definitiva, para acotar el régimen jurídico de la caducidad».

El carácter reservado de los datos tributarios y la publicidad de determinados incumplimientos

El artículo 95 de la Ley General Tributaria (LGT) establece el carácter reservado de los datos obtenidos por la Administración tributaria en el desempeño de sus funciones. Dichos datos solo pueden ser utilizados para la aplicación efectiva de los tributos o recursos cuya gestión tenga encomendada y para la imposición de sanciones que procedan. La cesión o comunicación de estos datos a terceros está prohibida, salvo en los casos tasados que se mencionan en el propio artículo, como, por ejemplo, la colaboración con órganos jurisdiccionales y el Ministerio Fiscal en la investigación de delitos graves (artículo 95.1.a de la LGT) o la colaboración con Administraciones públicas para el desarrollo de sus funciones, previa autorización de los obligados tributarios (artículo 95.1.k de la LGT).

La jurisprudencia confirma que este régimen busca concretar los principios del régimen general de protección de datos, dotando de carácter reservado a la información tributaria. La cesión de datos solo es válida si se ajusta a los fines tributarios mencionados en la norma o a los supuestos de interés público tasados en el artículo 95.1. Además, en casos de cesión para fines no tributarios, se requiere la autorización expresa del interesado. Por ejemplo, el RGAT, aprobado por el Real Decreto 1065/2007, de 27 de julio, exige que las Administraciones públicas que soliciten datos tributarios por medios electrónicos, informáticos y telemáticos, identifiquen claramente los datos requeridos, sus titulares, la finalidad de la solicitud y cuenten con el consentimiento expreso de los afectados o la autorización correspondiente. En este sentido podemos citar la **STS n.° 643/2025, de 27 de mayo, ECLI:ES:TS:2025:2435**, en la que se concluye que: «(...) *si una Administración, para el ejercicio de las funciones que le son propias, solicita de la AEAT la cesión de datos tributarios, tal cesión será con fines tributarios; ahora bien, si es para el ejercicio de otras potestades ajenas a las tributarias y no hay una norma legal que lo prevea, deberá contar con la previa autorización del interesado. Por tanto, el acto dictado con base en unos datos tributarios cedidos será conforme a Derecho si la cesión respeta las reglas del artículo 95.1 de la LGT*».

Relacionado con este carácter reservado se encuentra el artículo 95 bis de la LGT que faculta a la Administración tributaria a publicar periódicamente un **listado de los deudores a la Hacienda pública**. Este consiste en una publicación periódica de listados comprensivos de deudores a la Hacienda pública, incluidos los que tengan la condición de deudores al haber sido declarados responsables solidarios, por deudas o sanciones tributarias cuando concurran las circunstancias reguladas en el mentado artículo 95 bis de la LGT (deudas y sanciones superiores a 600.000 euros que no hubiesen sido pagadas en periodo voluntario).

1.2. Fases de los procedimientos tributarios

Las fases en el procedimiento tributario

Los procedimientos tributarios en España se estructuran en tres fases principales: iniciación, desarrollo y terminación. Así lo recoge la Ley General Tributaria que dedica sus artículos 98 a 100 a analizar cada una de estas fases y sus particularidades.

|| Iniciación de los procedimientos tributarios

El artículo 98 de la LGT dispone que los procedimientos tributarios podrán iniciarse de los siguientes modos:

- De oficio.
- A instancia del obligado tributario:
  » Mediante autoliquidación.
  » Mediante declaración.
  » Mediante comunicación.
  » Mediante solicitud.
- O por cualquier otro medio previsto en la normativa tributaria.

La Administración tributaria podrá aprobar modelos y sistemas normalizados de autoliquidaciones, declaraciones, comunicaciones, solicitudes o cualquier otro medio previsto en la normativa tributaria, y los pondrá a disposición de los obligados tributarios.

En el ámbito de competencias del Estado, el ministro o la ministra de Hacienda podrá determinar los supuestos y condiciones en los que los obligados tributarios deberán presentar por **medios telemáticos** sus declaraciones, autoliquidaciones, comunicaciones, solicitudes y cualquier otro documento con trascendencia tributaria.

A TENER EN CUENTA. El artículo 114 de la LGT reconoce otro modo de iniciarse el procedimiento: la denuncia pública. En este sentido señala que mediante denuncia pública podrán ponerse en conocimiento de la Administración tributaria hechos o situaciones que puedan ser constitutivos de infracciones tributarias o tener trascendencia para la aplicación de los tributos, y regula los pasos a seguir por la Administración tras la recepción de la denuncia.

CUESTIONES

1. ¿Qué debe de incluirse en los documentos de iniciación de las actuaciones y procedimiento?

En todo caso, deberán incluirse:

– El nombre y apellidos, o razón social del obligado tributario.

– El número de identificación fiscal del obligado tributario.

– En su caso, los mismos datos de la persona que lo represente.

2. Si se constata un error en uno de estos datos, por ejemplo el NIF, ¿puede rectificarse en el mismo procedimiento o debe iniciarse uno nuevo?

Para dar respuesta a esta cuestión podemos citar la **sentencia del Tribunal Superior de Justicia de Murcia n.º 163/2025, de 14 de abril, ECLI:ES:TSJMU:2025:1582,** en la que no consideran procedente un nuevo expediente para subsanar este error:

«Es cierto que, conforme el artículo 98.2 de la Ley General Tributaria, los documentos de iniciación de las actuaciones y procedimientos tributarios deberán incluir, en todo caso, el nombre y apellidos o razón social y el número de identificación fiscal del obligado tributario y, en su caso, de la persona que lo represente y, que en este supuesto se produjo un error en el acuerdo de inicio.

Igualmente, que el error en cuanto al NIF del declarado responsable subsidiario pudiera constituir un error que cabría calificar de hecho y que, de acuerdo con el artículo 109.2 de la LRJPAC puede, de oficio, rectificarse en cualquier momento.

(...)

Sin embargo, esta Sala no considera que, en realidad, estuviera justificada la incoación de este segundo expediente sobre la base de un mero error de hecho en el número del NIF de uno de los miembros del Consejo de Administración frente a los que se dirige, pues ello es contrario al principio de buena administración, ya que, en otro caso, se estaría amparando la posibilidad de incoar sucesivos expedientes en tanto no estuviera prescrito el derecho a reclamar y subsanar cuantas deficiencias se pudieran producir en el seno de este».

En el caso de la **iniciación de oficio**, el artículo 87 del RGAT dispone que requerirá acuerdo del órgano competente para su inicio:

- Por propia iniciativa.
- Como consecuencia de orden superior.
- A petición razonada de otros órganos.

El inicio del procedimiento se lleva a cabo mediante la comunicación notificada al obligado tributario o mediante personación. Además, el RGAT aclara que podrá iniciarse directamente con la notificación de la propuesta de resolución o de liquidación, cuando así estuviera previsto.

La comunicación de inicio contendrá, en su caso, los siguientes datos:

- Lugar y fecha de su expedición.
- Nombre y apellidos o razón social o denominación completa y número de identificación fiscal de la persona o entidad a la que se dirige.
- Lugar al que se dirige.
- Hechos o circunstancias que se comunican o contenido del requerimiento que se realiza mediante la comunicación.
- Órgano que la expide y nombre, apellidos y firma de la persona que la emite.
- Procedimiento que se inicia.
- Objeto del procedimiento con indicación expresa de las obligaciones tributarias o elementos de las mismas y, en su caso, períodos impositivos o de liquidación o ámbito temporal.
- Requerimiento que, en su caso, se formula al obligado tributario y plazo que se concede para su contestación o cumplimiento.
- Efecto interruptivo del plazo legal de prescripción.
- En su caso, la propuesta de resolución o de liquidación cuando la Administración cuente con la información necesaria para ello.
- En su caso, la indicación de la finalización de otro procedimiento de aplicación de los tributos, cuando dicha finalización se derive de la comunicación de inicio del procedimiento que se notifica.

El obligado tributario tendrá un plazo no inferior a 10 días para comparecer y aportar la documentación requerida y la que considere conveniente, así como para realizar las alegaciones que estime oportunas (con la excepción de los supuestos en que la iniciación se produzca mediante personación).

CUESTIÓN

Una vez iniciado el procedimiento de oficio, ¿qué ocurre con las declaraciones presentadas por el obligado tributario relacionadas con las obligaciones y períodos objeto del propio procedimiento?

El apartado 5 del artículo 87 del RGAT da respuesta a esta cuestión al señalar:

«Las declaraciones o autoliquidaciones tributarias que presente el obligado tributario una vez iniciadas las actuaciones o procedimientos, en relación con las obli-

gaciones tributarias y períodos objeto de la actuación o procedimiento, en ningún caso iniciarán un procedimiento de devolución ni producirán los efectos previstos en los artículos 27 y 179.3 de la Ley 58/2003, de 17 de diciembre, General Tributaria, sin perjuicio de que en la liquidación que, en su caso, se practique se pueda tener en cuenta la información contenida en dichas declaraciones o autoliquidaciones.

Asimismo, los ingresos efectuados por el obligado tributario con posterioridad al inicio de las actuaciones o procedimientos, en relación con las obligaciones tributarias y períodos objeto del procedimiento, tendrán carácter de ingresos a cuenta sobre el importe de la liquidación que, en su caso, se practique, sin que esta circunstancia impida la apreciación de las infracciones tributarias que puedan corresponder. En este caso, no se devengarán intereses de demora sobre la cantidad ingresada desde el día siguiente a aquel en que se realizó el ingreso».

Cuando el **procedimiento se inicie a instancia del obligado tributario** hay que atender a lo dispuesto en el artículo 88 del RGAT que contempla que podrá realizarse mediante autoliquidación, declaración, comunicación de datos, solicitud o cualquier otro medio previsto en la normativa aplicable, que podrán ser presentados en papel o por medios electrónicos, informáticos y telemáticos.

En el caso de que se inicie mediante solicitud, se exige que esta contenga como mínimo:

- Nombre y apellidos o razón social o denominación completa, número de identificación fiscal del obligado tributario y, en su caso, del representante.
- Hechos, razones y petición en que se concrete la solicitud.
- Lugar, fecha y firma del solicitante o acreditación de la autenticidad de su voluntad expresada por cualquier medio válido en derecho.
- Órgano al que se dirige.
- La documentación acreditativa de la representación, en el caso de que se actúe mediante representante.
- Puede incluirse domicilio a efectos de notificaciones.

Si no contuviese alguno de estos datos se requerirá al interesado para que en un plazo de 10 días subsane la falta o acompañe los documentos preceptivos, indicándole que si así no lo hiciera se le tendrá por desistido y se procederá al archivo sin más trámite.

RESOLUCIÓN ADMINISTRATIVA

Consulta vinculante (V2269-18), de 1 de agosto de 2018

Asunto: Competencia para aprobar modelos de declaración, autoliquidación y comunicación.

«El citado precepto [artículo 98 de la LGT] es objeto de desarrollo por parte del artículo 117 del Reglamento General de las actuaciones y los procedimientos de gestión e inspección tributaria y de desarrollo de las normas comunes de los procedimientos de aplicación de los tributos, aprobado por el Real Decreto 1065/2007, de 27 de julio, el cual establece en su apartado 1 lo siguiente:

> *"1. A efectos de lo previsto en el artículo 98.3 de la Ley 58/2003, de 17 de diciembre, General Tributaria, en el **ámbito de competencias del Estado**, los modelos de declaración, autoliquidación y comunicación de datos se aprobarán por el **Ministro de Economía y Hacienda**, que establecerá la forma, lugar y plazos de su presentación y, en su caso, del ingreso de la deuda tributaria, así como los supuestos y condiciones de presentación por medios electrónicos, informáticos y telemáticos.*
>
> *Asimismo, podrá aprobar la utilización de modalidades simplificadas o especiales de declaración, autoliquidación o comunicación de datos y los supuestos en los que los datos consignados se entenderán subsistentes para periodos sucesivos, si el contribuyente no comunica variación en los mismos.".*
>
> Por tanto, en el **ámbito de las competencias propias de las Entidades Locales**, todo lo señalado anteriormente deberá **ajustarse a lo dispuesto en la normativa propia y específica que regula la gestión de los tributos locales**».

|| El desarrollo de las actuaciones y procedimientos tributarios

En el desarrollo de las actuaciones y procedimientos tributarios, la Administración facilitará en todo momento a los obligados tributarios el ejercicio de los derechos y el cumplimiento de sus obligaciones:

- Los obligados tributarios pueden rehusar la presentación de los documentos que no resulten exigibles por la normativa tributaria y de aquellos que hayan sido previamente presentados por ellos mismos y que se encuentren en poder de la Administración tributaria actuante. En todo caso, podrá requerirse al interesado que ratifique datos específicos propios o de terceros que hubiesen sido aportados previamente.

- Los obligados tributarios tienen derecho a que se les expida certificación de las autoliquidaciones, declaraciones y comunicaciones que hayan presentado o de extremos concretos contenidos en las mismas.

- El obligado que sea parte en una actuación o procedimiento tributario podrá obtener a su costa copia de los documentos que figuren en el expediente, salvo que afecten a intereses de terceros o a la intimidad de otras personas o que así lo disponga la normativa vigente. Las copias se facilitarán en el trámite de audiencia o, en defecto de éste, en el de alegaciones posterior a la propuesta de resolución.

- El acceso a los registros y documentos que formen parte de un expediente concluido a la fecha de la solicitud y que obren en los archivos administrativos únicamente podrá ser solicitado por el obligado tributario que haya sido parte en el procedimiento tributario.

CUESTIONES

1. ¿Cuándo pueden llevarse a cabo las actuaciones?

A la hora de establecer el lugar y horario de las actuaciones el artículo 90 del RGAT diferencia tres supuestos:

- Si las actuaciones se realizan en oficinas públicas se llevarán a cabo dentro del horario oficial de apertura al público y, en todo caso, dentro de la jornada de trabajo.

- Si por el contrario se desarrollan en los locales del obligado tributario deberá respetarse la jornada laboral de oficina o de la actividad que se realice en ellos, salvo que exista consentimiento del obligado tributario.

- Si existiese una autorización judicial para la entrada en el domicilio del obligado tributario constitucionalmente protegido, las actuaciones se ajustarán a lo que disponga dicha autorización en relación con la jornada y el horario para realizarlas.

2. ¿Pueden ampliarse los plazos de tramitación?

Sí, el artículo 91 del RGAT recoge la posibilidad de que el órgano a quien corresponda la tramitación del procedimiento pueda conceder una ampliación de los plazos de tramitación, a petición de los obligados tributarios. No podrá exceder de la mitad de dicho plazo ni concederse más de una ampliación. Para otorgarla se exigen 3 requisitos:

- Que se solicite con anterioridad a los tres días previos a la finalización del plazo que se pretende ampliar.

- Que se justifique la concurrencia de circunstancias que lo aconsejen.

- Que no se perjudiquen derechos de terceros.

Además, hay que destacar que esta ampliación se entenderá automáticamente concedida por la mitad del plazo inicialmente fijado con la presentación en plazo de la solicitud, salvo que se notifique de forma expresa la denegación antes de la finalización del plazo que se pretende ampliar, y si la concesión de la ampliación es expresa podrá establecerse un plazo de ampliación distinto e inferior.

3. ¿Tienen los obligados tributarios derecho a acceder a los registros y documentos del expediente?

Sí, y en este sentido conviene destacar los siguientes artículos del RGAT:

- Artículo 94 del RGAT: Regula el acceso a archivos y registros administrativos.

- Artículo 95 del RGAT: Dedicado a la obtención de copias y sus condiciones.

| La práctica de la prueba

A diferencia de lo que ocurre en el procedimiento administrativo común, en los procedimientos tributarios no se exige la apertura de un período específico ni la comunicación previa de las actuaciones a los interesados para la práctica de la prueba.

Tal y como señala el **Tribunal Supremo en su auto, rec. n.º 5958/2023, de 29 de mayo de 2024, ECLI:ES:TS:2024:6252A**, con relación al procedimiento sancionador: «*Es cierto que la normativa reguladora del procedimiento sancionador tributario posee determinadas singularidades respecto del régimen común. Entre otras, no se prevé la apertura de un periodo específico de prueba (art. 99.6 LGT, por remisión del art. 207.b) y 210.1 LGT) y se permite que se incorpore al acuerdo de inicio del procedimiento la propuesta de imposición sanción cuando se encuentren en poder del órgano competente todos los elementos que permitan fundar, a su juicio, dicha propuesta (art. 210.5 LGT)*».

| La documentación de las actuaciones

Las actuaciones de la Administración tributaria en los procedimientos de aplicación de los tributos se documentarán en comunicaciones, diligencias, informes y otros documentos previstos en la normativa específica de cada procedimiento.

El apartado 7 del artículo 99 de la LGT nos facilita las definiciones de:

- **Comunicaciones:** son los documentos a través de los cuales la Administración notifica al obligado tributario el inicio del procedimiento u otros hechos o circunstancias relativos al mismo o efectúa los requerimientos que sean necesarios a cualquier persona o entidad. Las comunicaciones podrán incorporarse al contenido de las diligencias que se extiendan. Deberán contener, como mínimo:

  » Lugar y fecha de su expedición.

  » Nombre y apellidos o razón social o denominación completa y número de identificación fiscal de la persona o entidad a la que se dirige.

  » Lugar al que se dirige.

  » Hechos o circunstancias que se comunican o contenido del requerimiento que se realiza mediante la comunicación.

  » Órgano que la expide y nombre y apellidos y firma de la persona que la emite.

  » En el caso de que sirva para notificar el inicio de una actuación o procedimiento también deberá incluir el contenido previsto en el artículo 87.3 del RGAT.

- **Diligencias:** son los documentos públicos que se extienden para hacer constar hechos, así como las manifestaciones del obligado tributario o persona con la que se entiendan las actuaciones. Las diligencias no podrán contener propuestas de liquidaciones tributarias. Como mínimo, las diligencias contendrán:

  » Lugar y fecha de su expedición.

  » Nombre y apellidos y firma de la persona al servicio de la Administración tributaria interviniente.

  » Nombre, apellidos y número de identificación fiscal y firma de la persona con la que, en su caso, se entiendan las actuaciones, así como el carácter o representación con el que interviene.

  » Nombre y apellidos o razón social o denominación completa y número de identificación fiscal del obligado tributario al que se refieren las actuaciones.

  » Procedimiento o actuación en cuyo curso se expide.

  » Hechos y circunstancias que se hagan constar.

  » Las alegaciones o manifestaciones con relevancia tributaria realizadas, en su caso, por el obligado tributario, entre las que deberá figurar la conformidad o no con los hechos y circunstancias que se hacen constar.

Además, en las mismas, también podrá hacerse constar:

» La iniciación de la actuación o procedimiento y las comunicaciones y requerimientos que se efectúen a los obligados tributarios.

» Los resultados de las actuaciones de obtención de información.

» La adopción de medidas cautelares en el curso del procedimiento y la descripción de estas.

» Los hechos resultantes de la comprobación de las obligaciones.

» La representación otorgada mediante declaración en comparecencia personal del obligado tributario ante el órgano administrativo competente.

» Los hechos y circunstancias determinantes de la iniciación de otro procedimiento o que deban ser incorporados en otro ya iniciado.

• **Informes:** son documentos emitidos por los órganos de la Administración tributaria, de oficio o a petición de terceros, en aquellos supuestos en los que sean preceptivos conforme al ordenamiento jurídico, los soliciten otros órganos y servicios de las Administraciones públicas o los poderes legislativo y judicial, en los términos previstos por las Leyes, y cuando resulten necesarios para la aplicación de los tributos. En particular, el artículo 100 del RGAT, dispone que deberá emitirse informe por los órganos de aplicación de los tributos en dos supuestos:

» Cuando se complementen las diligencias que recojan hechos o conductas que pudieran ser constitutivos de infracciones tributarias y no corresponda al mismo órgano la tramitación del procedimiento sancionador.

» Cuando se aprecien indicios de delito contra la Hacienda pública y se remita el expediente al órgano judicial competente o al Ministerio Fiscal

| Trámite de audiencia y alegaciones

Durante el trámite de audiencia se pondrá de manifiesto al obligado tributario el expediente, que incluirá:

• Las actuaciones realizadas.

• Todos los elementos de prueba que obren en poder de la Administración.

• Los informes emitidos por otros órganos.

• Además, se incorporarán las alegaciones y los documentos que los obligados tributarios tienen derecho a presentar en cualquier momento anterior al trámite de audiencia, que serán tenidos en cuenta por los órganos competentes al redactar la correspondiente propuesta de resolución o de liquidación.

En los procedimientos tributarios se podrá prescindir del trámite de audiencia previo a la propuesta de resolución cuando:

• Se suscriban actas con acuerdo.

- Cuando en las normas reguladoras del procedimiento esté previsto un trámite de alegaciones posterior a dicha propuesta. El expediente se pondrá de manifiesto en el trámite de alegaciones.

- El artículo 96 del RGAT añade otro supuesto en el que se puede prescindir del trámite de audiencia, o en su caso del plazo para formular alegaciones, cuando no figuren en el procedimiento ni sean tenidos en cuenta en la resolución otros hechos ni otras alegaciones y pruebas que las presentadas por el interesado.

Cuando se prescinda del trámite de audiencia por estar previsto un trámite de alegaciones posterior a la propuesta de resolución o de liquidación, la Administración tributaria deberá notificar al obligado dicha propuesta para que efectúe las alegaciones que considere oportunas.

Este trámite de alegaciones no podrá tener una duración inferior a 10 días ni superior a 15. Cuando antes del vencimiento del plazo de audiencia o, en su caso, de alegaciones, el obligado tributario manifestase su decisión de no efectuar alegaciones ni aportar nuevos documentos ni justificantes, se tendrá por realizado el trámite y se dejará constancia en el expediente de dicha circunstancia.

El Real Decreto-Ley 22/2020, de 16 de junio, añadió un nuevo apartado 9 al artículo 99 de la LGT, vigente desde el 17 de junio de 2020, en el que se regula la posibilidad de que las actuaciones de la Administración y de los obligados tributarios en los procedimientos de aplicación de los tributos puedan realizarse a través de sistemas digitales que, mediante la videoconferencia u otro sistema similar, permitan la comunicación bidireccional y simultánea de imagen y sonido, la interacción visual, auditiva y verbal entre los obligados tributarios y el órgano actuante, y garanticen la transmisión y recepción seguras de los documentos que, en su caso, recojan el resultado de las actuaciones realizadas, asegurando su autoría, autenticidad e integridad. El uso de estos sistemas se llevará a cabo cuando lo determine la Administración Tributaria, y requiere la conformidad del obligado tributario en relación con su uso y con la fecha y hora en la que se desarrolle.

> **A TENER EN CUENTA**. Tras el trámite de audiencia no podrán incorporarse al expediente más documentos acreditativos de los hechos, salvo que se demuestre que fue imposible haberlos aportado antes de la finalización de dicho trámite.

RESOLUCIÓN RELEVANTE

Sentencia del Tribunal Superior de Justicia de Andalucía n.º 2086/2025, de 3 de octubre, ECLI:ES:TSJAND:2025:16039

Asunto: Prevalencia de la normativa tributaria sobre la Ley 39/2015.

«La Sala entiende que no es aplicable al caso de autos el invocado por la actora art. 28 de la Ley 39/2015 porque la normativa tributaria contiene también reglas relativas a la aportación de documentos por los contribuyentes y son las que deben ser observadas en el presente supuesto, concretamente los arts. 34 y 99 LGT.

El art. 34.1.h) establece en favor del contribuyente el Derecho a no aportar aquellos documentos ya presentados por ellos mismos y que se encuentren en poder de la Administración actuante, siempre que el obligado tributario indique el día y procedimiento en el que los presentó

> *Y el Artículo 99. Desarrollo de las actuaciones y procedimientos tributarios.*
>
> *1. En el desarrollo de las actuaciones y procedimientos tributarios, la Administración facilitará en todo momento a los obligados tributarios el ejercicio de los derechos y el cumplimiento de sus obligaciones, en los términos previstos en los apartados siguientes.*
>
> *2. Los obligados tributarios pueden rehusar la presentación de los documentos que no resulten exigibles por la normativa tributaria y de aquellos que hayan sido previamente presentados por ellos mismos y que se encuentren en poder de la Administración tributaria actuante. Se podrá, en todo caso, requerir al interesado la ratificación de datos específicos propios o de terceros, previamente aportados.*
>
> *La ley 39/2015 rige el procedimiento administrativo común, y los procedimientos tributarios se rigen por la Ley General Tributaria, que a su vez se remite a la Ley 39/2015 para aspectos no previstos en su legislación específica., siendo aquélla derecho supletorio del Derecho Tributario conforme al art. 7.2 LGT*
>
> *En el ámbito tributario se suprime la referencia a "otras Administraciones" y se restringe "a la Administración actuante", así como debe tratarse de documentos y no de meros datos.*
>
> *Por tanto conforme a los preceptos de la LGT el obligado tributario podrá no aportar o rehusar la aportación de documentos cuando no resulten exigibles conforme a la normativa vigente o cuando ya hayan sido presentados por aquél y obren en poder de la Administración tributaria actuante».*

|| Terminación de los procedimientos tributarios

La Ley General Tributaria dedica su **artículo 100** a analizar la terminación de los procedimientos tributarios, y señala las formas en las que estos procedimientos se terminan:

- La **resolución**. Tendrá la consideración de resolución la contestación efectuada de forma automatizada por la Administración tributaria en aquellos procedimientos en que esté prevista esta forma de terminación.
- El **desistimiento**.
- La **renuncia** al derecho en que se fundamente la solicitud.
- La imposibilidad material de continuarlos por **causas sobrevenidas**.
- La **caducidad**.
- El **cumplimiento de la obligación** que hubiera sido objeto de requerimiento.
- Cualquier otra causa prevista en el ordenamiento tributario.

Con relación a la resolución, el artículo 101 del RGAT exige que la misma sea motivada en los supuestos que disponga la normativa aplicable, y aclara que decidirá todas las cuestiones planteadas propias de cada procedimiento y aquellas otras que se deriven de él.

La resolución deberá contener:

- Nombre y apellidos o razón social o denominación completa del obligado tributario.

- Número de identificación fiscal del obligado tributario.
- Fecha.
- Identificación del órgano que dicta la resolución.
- Identificación del derecho u obligación tributaria objeto del procedimiento.
- En su caso, los hechos y fundamentos de derecho que la motivan.
- Además, en el caso de que contenga una liquidación, incluirá, si precede, los intereses de demora correspondientes.

1.3. Liquidaciones tributarias provisionales o definitivas

Liquidaciones tributarias: concepto y tipos

En sentido amplio, la gestión tributaria comprende la función liquidatoria y la recaudatoria. La cuantificación de la deuda tributaria, compleja en ocasiones en tributos de cuota variable, constituye pues una de las actividades esenciales de la Administración tributaria.

Las liquidaciones tributarias son actos administrativos mediante los cuales la Administración tributaria determina el importe de la deuda tributaria o la cantidad que, en su caso, resulte a devolver o compensar, conforme a la normativa tributaria.

La concepción tradicional del procedimiento liquidatorio, basado en las cuatro fases de declaración, liquidación provisional, comprobación y liquidación definitiva, se encuentra ampliamente superada en un sistema tributario masivo; actualmente la cuantificación de la deuda puede ser realizada en muchos casos por el **propio obligado tributario** mediante la declaración-autoliquidación. Este nuevo fenómeno de socialización de la gestión tributaria se ve compensado con la asunción de funciones de comprobación e investigación por los órganos administrativos de gestión ante el mayor riesgo de fraude fiscal; paralelamente los órganos de inspección asumen funciones liquidadoras. Con ello se encuentra superada la tradicional distinción entre funciones gestoras de liquidación y funciones inspectoras de comprobación y liquidación, que ahora se delimitan en función del carácter masivo o individualizado de la correspondiente actuación administrativa.

La liquidación admite un **doble significado**:

- Como procedimiento de liquidación, comprende la serie de actividades precisas para la cuantificación de la deuda.
- En sentido estricto, equivale al acto administrativo de la liquidación del tributo.

En el sentido del **artículo 101 de la LGT**, es un acto resolutorio, realizado por el órgano competente de la Administración, mediante el cual realiza las operaciones de cuantificación necesarias y determina el importe de la deuda tributaria o de la cantidad que, en su caso resulte a devolver o a compensar de acuerdo con la normativa tributaria. En palabras de la DGT, en su consulta vinculante (V4779-16), de 10 de noviembre: «(...) *la liquidación tributaria puede calificarse como un acto administrativo resolutorio con el que, en su caso, finalizan los procedimientos de aplicación de los tributos*».

La liquidación tiene que ser **motivada**, con referencia a los hechos y fundamentos de derecho. Así lo establece el artículo 103.3 de la LGT, de acuerdo con la regla general establecida en el artículo 35 de la LPAC, bajo la sanción de nulidad. El acto liquidatorio deberá expresar, pues, los presupuestos y criterios que ha tenido en cuenta la Administración tributaria para cuantificar la prestación.

> **CUESTIÓN**
>
> **¿Las autoliquidaciones realizadas por el propio contribuyente se incluyen en este concepto?**
>
> No, sólo las liquidaciones practicadas por la Administración tienen el carácter de acto administrativo; no así la autoliquidación del administrado (artículo 120 de la LGT), que, aunque supone la cuantificación de la prestación no constituye acto resolutorio. Por ello, la autoliquidación no es susceptible de impugnación, en cuanto en todo caso requiere un acto administrativo, expreso o presunto, confirmatorio o revocatorio, que es el acto impugnable. La liquidación no conduce, pues, en todo caso, a un ingreso a favor del Tesoro, en cuanto puede dar lugar a una devolución a favor del obligado tributario.

|| Tipos de liquidaciones

La LGT distingue entre liquidaciones provisionales y definitivas. La **liquidación definitiva** es la practicada previa comprobación administrativa del hecho imponible y de su valoración, siempre que la comprobación se haya realizado en el procedimiento de inspección, y la actuación haya tenido alcance general en el sentido del artículo 148 de la LGT, sin que baste, en consecuencia, la comprobación en fase de gestión o la comprobación realizada por la Inspección con carácter parcial sobre alguno de los elementos de la obligación tributaria.

Por lo tanto, fuera de los casos en que la liquidación es definitiva conforme a los criterios expuestos, la liquidación tiene **carácter provisional.** Así, el artículo 139.2 de la LGT establece que se dictará liquidación provisional tras el procedimiento de comprobación limitada. Podrán dictarse liquidaciones provisionales en el procedimiento de inspección en los siguientes supuestos:

- Cuando alguno de los elementos de la obligación tributaria se determine en función de los correspondientes a otras obligaciones que no hubieran sido comprobadas, que hubieran sido regularizadas mediante liquidación provisional o mediante liquidación definitiva que no fuera firme, o cuando existan elementos de la obligación tributaria cuya comprobación con carácter definitivo no hubiera sido posible durante el procedimiento, en los términos que se establezcan reglamentariamente.

- Cuando proceda formular distintas propuestas de liquidación en relación con una misma obligación tributaria. Se entenderá que concurre esta circunstancia en los siguientes casos:
  » Que las actas con acuerdo a las que se refiere el artículo 155 de la LGT no incluya todos los elementos de la obligación tributaria.
  » Cuando la conformidad del obligado no se refiera a toda la propuesta de regularización.
  » Cuando se realice una comprobación de valor y no sea el objeto único de la regularización.
  » Cuando así esté previstos reglamentariamente.
- También tendrán el carácter de provisionales las liquidaciones dictadas que se encuentren referidas a elementos de la obligación tributaria vinculados con un posible delito contra la Hacienda Pública.

Tal y como recoge la **Dirección General de Tributos en su consulta vinculante (V0821-20), de 13 de abril de 2020**:

> «**El carácter de liquidación provisional no afecta en absoluto a la eficacia de la misma** y a la obligación del sujeto pasivo de proceder al ingreso de la deuda tributaria en los plazos establecidos.
>
> La eficacia de la liquidación tributaria no está supeditada a ninguna firma por parte del sujeto pasivo, ni a la aceptación por su parte».

La liquidación definitiva, a diferencia de la provisional, sólo puede ser rectificada por la Administración siguiendo el procedimiento formal de revisión de actos administrativos o a través de su impugnación. Por el contrario, la liquidación provisional puede ser rectificada por la Administración en el mismo procedimiento de gestión, aunque con determinadas limitaciones cuando se haya seguido un procedimiento de comprobación limitada (artículo 140 de la LGT).

En este sentido el **Tribunal Supremo en su sentencia n.º 288/2022, de 8 de marzo, ECLI:ES:TS:2022:861**, se refiere a la diferencia entre los dos tipos de liquidaciones en los siguientes términos:

> «(...) La dicotomía entre liquidaciones provisionales y definitivas **no obedece a que las primeras tengan limitada en el tiempo su eficacia** -como la Administración entendió en este caso-, **sino a que son susceptibles de rectificación en un posterior procedimiento de aplicación de los tributos**. Por acudir a un símil procesal, las liquidaciones provisionales no pasan en autoridad de cosa juzgada.
>
> **La emisión de una u otra clase de liquidación no es un acto discrecional, sino reglado**. Las liquidaciones practicadas en el procedimiento inspector "previa comprobación e investigación de la totalidad de los elementos de la obligación tributaria", son definitivas, según el apartado 3.a) del mencionado art. 101. Y dado que la Inspección en este caso había comprobado la totalidad de los elementos de la obligación del contribuyente relativa al impuesto sucesorio, no estaba habilitada para dictar una liquidación provisional».

|| La notificación de las liquidaciones tributarias

Las liquidaciones deberán ser **notificadas** a los obligados tributarios en los términos previstos en la sección III del capítulo II del título III de la LGT (artículos 109 a 112), que a su vez se remite al régimen de notificaciones previsto en las normas administrativas con algunas especialidades.

En cuanto al lugar de práctica de las notificaciones hay que diferenciar dos supuestos:

- Cuando se trate de procedimientos iniciados a solicitud del interesado: la notificación se practicará en el lugar señalado a tal efecto por el obligado tributario o su representante o, en su defecto, en el domicilio fiscal de uno u otro.

- Cuando se trate de procedimientos iniciados de oficio: la notificación podrá practicarse en el domicilio fiscal del obligado tributario o su representante, en el centro de trabajo, en el lugar donde se desarrolle la actividad económica o en cualquier otro adecuado a tal fin.

Si la notificación se practicase en el lugar señalado al efecto por el obligado tributario o por su representante, o en el domicilio fiscal de uno u otro, de no hallarse presentes en el momento de la entrega, podrá hacerse cargo de la misma cualquier persona que se encuentre en dicho lugar o domicilio y haga constar su identidad, así como los empleados de la comunidad de vecinos o de propietarios donde radique el lugar señalado a efectos de notificaciones o el domicilio fiscal del obligado o su representante (artículo 111.1 de la LGT).

Si el interesado o su representante rechazan la notificación se tendrá por efectuada.

En el caso de que no sea posible efectuar la notificación al interesado o a su representante por causas no imputables a la Administración tributaria e intentada al menos dos veces en el domicilio fiscal, o en el designado por el interesado si se trata de un procedimiento iniciado a solicitud del mismo, se harán constar en el expediente las circunstancias de los intentos de notificación. Será suficiente un único intento si el destinatario figura como desconocido en el domicilio o lugar indicado.

En este caso, se citará al interesado o a su representante para que sea notificado mediante comparecencia, a través de anuncios publicados una sola vez para cada interesado en el «Boletín Oficial del Estado». La publicación en el BOE se realizará los lunes, miércoles y viernes de cada semana. Estos anuncios podrán también exponerse en la oficina de la Administración tributaria correspondiente al último domicilio fiscal conocido. Si el último domicilio conocido estuviera en el extranjero, el anuncio podrá exponerse en el consulado o sección consular de la embajada correspondiente.

En la publicación se incluirá la relación de notificaciones pendientes, indicando el obligado tributario o su representante, el procedimiento que las motiva, el órgano competente para su tramitación, así como el lugar y plazo en el que el destinatario deberá comparecer para ser notificado.

La comparecencia deberá realizarse en un plazo de 15 días naturales, contados desde el día siguiente a la publicación del anuncio en el BOE. Si transcurrido dicho plazo el interesado no comparece, la notificación se considerará efectuada a todos los efectos legales el día siguiente al vencimiento del plazo señalado.

En caso de que el inicio de un procedimiento o cualquiera de sus trámites se consideren notificados por la falta de comparecencia del obligado tributario o su representante, se entenderá que este ha sido notificado de las actuaciones y diligencias posteriores del procedimiento. No obstante, se mantendrá el derecho del interesado a comparecer en cualquier momento del mismo. Las liquidaciones que se dicten en el procedimiento y los acuerdos de enajenación de bienes embargados deberán ser notificados conforme a lo establecido en la sección III del capítulo II del título III de la LGT.

Sobre la eficacia de la notificación el Tribunal Supremo ha señalado que la misma debe valorarse en cada caso concreto, recalcando la dificultad de establecer una doctrina general. A modo de ejemplo, véase la **STS n.º 448/2021, de 25 de marzo, ECLI:ES:TS:2021:1117**:

> «Ha declarado esta Sala en numerosas ocasiones, como luego se expondrá, que, con carácter general y, por lo tanto, también en el ámbito tributario, la eficacia las notificaciones se encuentra estrechamente ligada a las circunstancias concretas del caso, lo que comporta inevitablemente un importante grado de casuismo en la materia, que exige que debamos partir del factum establecido en la sentencia recurrida.
>
> Resulta, pues, difícil juzgar en abstracto toda la casuística que la eficacia de las notificaciones puede producir, resultando, en consecuencia, muy complicado establecer una doctrina general. En efecto, el casuismo es, realmente, inagotable y exige estar al material probatorio del que se dispone en cada caso y a las declaraciones que -como hechos que no pueden controvertirse en casación- hayan efectuado los órganos de instancia.
>
> De ahí la dificultad de formar una jurisprudencia que vaya más allá de la respuesta que resuelva este asunto, lo que comporta que no pueda fijarse una doctrina general con valor de jurisprudencia sobre esta cuestión».

Además, el Tribunal Supremo también ha destacado en distintas ocasiones —como la **STS, recurso n.º 4484/2012, de 27 de noviembre, ECLI:ES:TS:2014:4922**— la importancia de valorar:

- El grado de diligencia mostrada tanto por el interesado como por la Administración.
- El conocimiento que, no obstante, el incumplimiento en su notificación de todas o algunas de las formalidades previstas en la norma, el interesado haya podido tener del acto o resolución por cualesquiera medios.
- El comportamiento de los terceros que, en atención a la cercanía o proximidad geográfica con el interesado, pueden aceptar y aceptan la notificación.

Y añade, con relación a la buena fe exigible a ambas partes, que:

> «a Que el acto o resolución debe entenderse por correctamente practicada cuando, como advierten expresamente algunas normas vigentes (arts.

111.2 LGT; 59.4 de la Ley 30/1992; y 43.a) del Real Decreto 1829/1999), **el interesado rehúse su notificación** [Sentencia de esta Sala de 18 de diciembre de 2008 (rec. cas. núm. 3302/2006), FD Tercero; en los mismos términos, Sentencias de 2 de abril de 2009 (rec. cas. núm. 3251/2006), FD Tercero; y de 16 de diciembre de 2010 (rec. cas. núm. 3943/2007), FD Tercero].

b) Que carece de trascendencia que la notificación sea defectuosa si **consta que el interesado ha podido conocer la decisión que se le pretendía comunicar**; porque el principio de buena fe impide tutelar al recurrente cuando utiliza los errores incurridos por la Administración en la notificación, «con propósitos no de auténtica defensa, sino de obstrucción a la actuación de la Administración tributaria» [Sentencia de 28 de julio de 2000 (rec. cas. núm. 6927/1995), FD Tercero].

c) Que si **el interesado incumple con la carga de comunicar el domicilio o el cambio del mismo**, en principio -y, reiteramos la precisión, siempre que la Administración haya demostrado la diligencia y buena fe que también le son exigibles-, debe sufrir las consecuencias perjudiciales de dicho incumplimiento [Sentencias de 10 de junio de 2009, cit., FD Cuarto; y de 16 de junio de 2009, cit., FD Segundo].

d) Y, finalmente, que, con carácter general, **no cabe que el interesado alegue que la notificación se produjo en un lugar o con persona improcedente cuando recibió sin problemas y sin reparo alguno otras recogidas en el mismo sitio o por la misma persona** [STC 155/1989, de 5 de octubre, FJ 3; ATC 89/2004, de 22 de marzo, FJ 3; ATC 387/2005, de 13 de noviembre, FJ 3; Sentencias del Tribunal Supremo de 28 de octubre de 2004 (rec. cas. en interés de ley núm. 70/2003), FD Cuarto; de 27 de noviembre de 2008 (rec. cas. núm. 5565/2006), FD Cuarto; y de 22 de marzo de 1997 (rec. de apelación. núm. 12960/1991), FD Segundo]».

Las liquidaciones notificadas deben incluir:

- La identificación del obligado tributario.
- Los elementos determinantes de la cuantía de la deuda tributaria.
- La motivación de las mismas cuando no se ajusten a los datos consignados por el obligado tributario o a la aplicación o interpretación de la normativa realizada por el mismo, con expresión de los hechos y elementos esenciales que las originen, así como de los fundamentos de derecho.
- Los medios de impugnación que puedan ser ejercidos, órgano ante el que hayan de presentarse y plazo para su interposición.
- El lugar, plazo y forma en que debe ser satisfecha la deuda tributaria.
- Su carácter de provisional o definitiva.

En los tributos de cobro periódico, una vez notificada la liquidación correspondiente al alta en el respectivo registro, padrón o matrícula, podrán notificarse colectivamente las sucesivas liquidaciones mediante edictos que así lo adviertan.

Así lo ha ratificado el Tribunal Supremo en su **sentencia, recurso n.º 2884/2010, de 19 de diciembre de 2011, ECLI:ES:TS:2011:9135**: «(...) *en las* *liquidaciones de tributos de cobro periódico, una vez notificada la corres-pondiente al alta, las sucesivas liquidaciones no requieren de notificación individual, siendo suficiente la notificación colectiva, mediante edictos que así lo adviertan, salvo que no exista identidad sustancial entre los datos y ele-mentos esenciales de la liquidación inicial y las posteriores periódicas».*

Cuando exista un aumento de base imponible sobre la resultante de las de-claraciones deberá notificarse al contribuyente con expresión concreta de los hechos y elementos adicionales que lo motiven, excepto cuando la modificación provenga de revalorizaciones de carácter general autorizadas por las leyes.

En los supuestos que así se determine reglamentariamente no será pre-ceptiva la notificación expresa, siempre que la Administración así lo advierta por escrito al obligado tributario o a su representante.

RESOLUCIÓN RELEVANTE

Sentencia del Tribunal Supremo n.º 448/2021, de 25 de marzo, ECLI:ES:TS:2021:1117

Asunto: El carácter residual de la notificación edictal.

«En particular, el máximo intérprete de nuestra Constitución, subrayando el **carácter "residual", "subsidiario", "supletorio" y "excepcional", de "último re-medio"** *-apelativos, todos ellos, empleados por el Tribunal-* **de la notificación me-diante edictos** *[SSTC 65/1999, de 26 de abril, FJ 2; 55/2003, de 24 de marzo, FJ 2; 43/2006, de 13 de febrero, FJ 2; 163/2007, de 2 de julio, FJ 2; 223/2007, de 22 de octubre, FJ 2; 231/2007, de 5 de noviembre, FJ 2; 2/2008, de 14 de enero, FJ 2; y 128/2008, de 27 de octubre, FJ 2], ha señalado que tal procedimiento " sólo puede ser empleado cuando se tiene la convicción o certeza de la inutilidad de cualquier otra modalidad de citación" (STC 65/1999, cit., FJ 2); que el órgano judicial " ha de extremar las gestiones en averiguación del paradero de sus destinatarios por los medios normales a su alcance, de manera que el acuerdo o resolución judicial que lleve a tener a la parte en un proceso como persona en ignorado paradero debe fun-darse en criterios de razonabilidad que conduzcan a la certeza, o cuando menos a una convicción razonable, de la inutilidad de los medios normales de citación" (...)*

Ahora bien, sobre estas afirmaciones generales deben hacerse algunas **matiza-ciones***:*

*- En primer lugar, que e***l deber de diligencia del órgano judicial a la hora de in-dagar el domicilio no tiene siempre la misma intensidad, sino que varía en función del acto que se comunica** *(inicio de actuaciones judiciales o actos procesales de un procedimiento ya abierto) [SSTC 113/2001, cit., FJ 5; 150/2008, de 17 de noviembre, FJ 2; y 158/2008, de 24 de noviembre, FJ 2].*

- En segundo lugar, que " **dicha obligación debe ponderarse en función de la mayor o menor dificultad que el órgano judicial encuentre para la identificación o localización de los titulares de los derechos e intereses en cuestión***, pues no puede imponérseles a los Tribunales la obligación de llevar a cabo largas y comple-jas indagaciones ajenas a su función" (STC 188/1987, de 27 de noviembre, FJ 2; y Sentencia de esta Sala 12 de julio de 2010 (rec. cas. núm. 90/2007), FD Tercero); sin que se pueda "demandar del Juez o Tribunal correspondiente una desmedida labor investigadora y de cercioramiento sobre la efectividad del acto de comunicación en cuestión" (STC 113/2001, de 7 de mayo, FJ 5; en términos parecidos, SSTC 55/2003, de 24 de marzo, FJ 2; 90/2003, de 19 de marzo, FJ 2; 43/2006, de 13 de febrero, FJ 2; y 76/2006, de 13 de marzo).*

> *- En tercer lugar, el Tribunal Constitucional viene señalando que **existe un especial deber de diligencia de la Administración cuando se trata de la notificación de sanciones**, con relación a las cuales, en principio, " antes de acudir a la vía edictal", debe "intentar la notificación en el domicilio que aparezca en otros registros públicos" (SSTC 32/2008, de 25 de febrero, FJ 2; y 128/2008, de 27 de octubre, FJ 2).*
>
> *Todos los citados elementos deben ser ponderados tendiendo siempre presente, de un lado, el principio antiformalista que, como ya hemos señalado, rige en materia de notificaciones, y, en síntesis, viene a implicar que, en este ámbito, **lo decisivo no es que se cumplan las formalidades legales, sino que el interesado haya tenido o haya podido tener conocimiento tempestivo del acto**; y, de otro, el principio de buena fe que debe regir las relaciones entre la Administración y los administrados».*

1.4. Resolución de los procedimientos tributarios

La resolución de los procedimientos tributarios: regulación y efectos

La Administración tributaria está obligada a resolver expresamente todas las cuestiones que se planteen en los procedimientos de aplicación de los tributos, así como a notificar dicha resolución expresa.

No existirá obligación de resolver en los siguientes procedimientos:

- En los relativos al ejercicio de derechos que sólo deben ser objeto de comunicación por el obligado tributario.
- En los que se produzca la caducidad, la pérdida sobrevenida del objeto del procedimiento, la renuncia o el desistimiento de los interesados.

Sin embargo, incluso en estos supuestos, a solicitud del interesado, la Administración se encuentra obligada a dictar resolución, entendida en un sentido amplio, en la que declare que ha tenido lugar alguno de las referidas circunstancias.

El apartado tercero del artículo 103 de la LGT dispone que deberán ser motivados y con referencia sucinta a los hechos y fundamentos de derecho:

- Los actos de liquidación.
- Los actos de comprobación de valor.
- Los que impongan una obligación.
- Los que denieguen un beneficio fiscal.
- La suspensión de la ejecución de actos de aplicación de los tributos.
- Aquellos otros que se señalen en la normativa vigente.

La motivación de los actos administrativos, recogida con carácter general en el artículo 35 de la LPAC, y específicamente en el ámbito tributario en el artículo 103 de la LGT, está estrechamente relacionada con la prohibición de indefensión establecida en el artículo 24 de la CE. El deber de motivación alcanza a actos tributarios en sentido estricto o a decisiones de procedimiento. En cuanto a lo primero, resulta necesario que la Administración razone debidamente la concurrencia de los elementos esenciales que integran el **hecho imponible**, su atribución al sujeto pasivo y las demás circunstancias con trascendencia tributaria que conduzcan a la regularización o liquidación. Pero además de ello, la Administración debe motivar determinados actos de **carácter procesal**, como el que decide sobre la ejecución o suspensión de los actos de aplicación de los tributos.

CUESTIÓN

¿Qué datos deberá contener la resolución?

El artículo 101 del RGAT, en su apartado segundo, dispone que la resolución deberá mencionar expresamente:

– El nombre y apellidos o razón social o denominación completa del obligado tributario.

– El número de identificación fiscal del obligado tributario.

– La fecha.

– La identificación del órgano que dicta la resolución.

– La identificación del derecho u obligación tributaria objeto del procedimiento.

– En su caso, los hechos y fundamentos de derecho que la motivan.

Además, cuando la resolución contenga una liquidación, contendrá los intereses de demora correspondientes.

RESOLUCIÓN RELEVANTE

Sentencia del Tribunal Supremo n.° 494/2023, de 19 de abril, ECLI:ES:TS:2023:1811

Asunto: La extensión del plazo para resolver que exceda el plazo legal determinado requiere resolución expresa.

«(...) el artículo 91 RGI puede y debe ser objeto de una interpretación conforme en su contraste con los artículos 103 LGT con relación al artículo 54 Ley 30/1992 (artículo 35 Ley 39/2015) y con el citado art. 32 de la Ley 39/2015.

De ese modo, esa previsión reglamentaria -que fomenta la agilidad procedimental-, puede justificar que la Administración no resuelva expresamente la petición del contribuyente sobre la extensión del plazo y, pese a ello, se entienda concedida la misma, únicamente cuando esa ampliación no traspase el ámbito temporal que tiene la Administración para resolver en plazo, es decir, cuando no exista conflicto, porque de todas formas -con o sin ampliación- la prescripción no juega en su contra.

Sin embargo, cuando el otorgamiento de la ampliación suponga exceder del plazo legal de terminación del procedimiento, la Administración no puede invocar la "concesión automática" de la ampliación sobre la base del art 91 RGIT para imputar una dilación indebida al contribuyente y poder mantener así, que ha liquidado en plazo, desde el momento que esa extensión temporal sirve, al mismo tiempo, para afirmar su derecho (el de la Administración) y para negar otro (el del contribuyente), lo que precisaría que se hubiera colmado la obligación legal de "resolver expresamente todas las cuestiones que se planteen en los procedimientos de aplicación de los tributos, así como a notificar dicha resolución expresa" (artículo 103.1 LGT)"».

‖ Plazos de resolución y efectos de la falta de resolución expresa

De acuerdo con la regla general establecida en el artículo 104 de la LGT, el plazo máximo para resolver en el procedimiento tributario es, salvo disposición en contrario, de **seis meses**, y su incumplimiento produce las consecuencias jurídicas que se detallan más abajo.

Este plazo tiene significadas excepciones, como, por ejemplo, el plazo en procedimientos especiales de revisión de actos nulos del **artículo 217.6 de la LGT**, o el plazo para resolver la reclamación económico-administrativa del **artículo 240.2 de la LGT**. Y también excepcionalmente, el procedimiento de apremio puede extenderse durante todo el tiempo que dura el plazo de prescripción del derecho que lo motiva.

La obligación de notificar dentro del plazo máximo de duración de los procedimientos se entenderá cumplida cuando se acredite que se ha realizado un intento de notificación que contenga el texto íntegro de la resolución. Cuando se trate de sujetos obligados o acogidos voluntariamente a recibir notificaciones practicadas por medio electrónicos, esta obligación de notificar en plazo se entiende cumplida con la puesta a disposición de la notificación en la sede electrónica de la Administración Tributaria o en la dirección electrónica habilitada.

Hay que tener en cuenta, que la LGT especifica que **no se incluirán en el cómputo del plazo** de resolución:

- Los períodos de interrupción justificada que se especifiquen reglamentariamente.
- Las dilaciones en el procedimiento por causa no imputable a la Administración Tributaria.
- Los períodos de suspensión del plazo que se produzcan conforme a lo previsto en la LGT.

Por su parte, el artículo 102 del RGAT añade que tanto los períodos de interrupción justificada, como las dilaciones por causa no imputable a la Administración y los periodos de suspensión y de extensión del plazo del procedimiento inspector **deberán documentarse adecuadamente** para su constancia en el expediente. Además, los períodos de interrupción justificada y las dilaciones por causa no imputable a la Administración no impedirán la práctica de las actuaciones que durante dicha situación pudieran desarrollarse.

El artículo 103 del RGAT contiene un listado de supuestos en los que se entenderá que estamos ante **períodos de interrupción justificada**:

- Cuando, por cualquier medio, se pidan datos, informes, dictámenes, valoraciones o documentos a otros órganos o unidades administrativas de la misma o de otras Administraciones, por el tiempo que transcurra desde la remisión de la petición hasta la recepción de aquellos por el órgano competente para continuar el procedimiento, sin que la interrupción por este concepto pueda exceder, para todas las peticiones de datos, informes, dictámenes, valoraciones o documentos que pudieran efectuarse, de seis meses. Cuando se trate de solicitudes formuladas a otros Estados, este plazo será de 12 meses.

- Cuando, por cualquier medio, se pidan datos, informes, dictámenes o valoraciones a otro Estado o entidad internacional o supranacional como consecuencia de la información previamente recibida de los mismos en el marco de la asistencia mutua, por el tiempo que transcurra desde la remisión de la petición a la autoridad competente del otro Estado o entidad hasta la recepción de aquellos por el órgano competente para continuar el procedimiento, sin que la interrupción por este concepto pueda exceder, para todas las peticiones, de 12 meses.

- Cuando se aprecien indicios de delito contra la Hacienda pública y se remita el expediente al Ministerio Fiscal o a la jurisdicción competente, por el tiempo que transcurra desde dicha remisión hasta que, en su caso, se produzca la recepción del expediente devuelto o de la resolución judicial por el órgano competente para continuar el procedimiento.

- Cuando la determinación o imputación de la obligación tributaria dependa directamente de actuaciones judiciales en el ámbito penal, por el tiempo transcurrido desde que se tenga conocimiento de la existencia de dichas actuaciones y se deje constancia de este hecho en el expediente o desde que se remita el expediente a la jurisdicción competente o al Ministerio Fiscal hasta que se conozca la resolución por el órgano competente para continuar el procedimiento. Sin embargo, cuando sea posible y resulte procedente podrán practicarse liquidaciones provisionales.

- Cuando concurra alguna causa de fuerza mayor que obligue a la Administración a interrumpir sus actuaciones, por el tiempo de duración de dicha causa. No obstante, cuando sea posible y resulte procedente podrán practicarse liquidaciones provisionales.

- Cuando se plantee el conflicto de competencias ante las Juntas Arbitrales previstas en los artículos 24 de la Ley Orgánica 8/1980, de 22 de septiembre, de Financiación de las Comunidades Autónomas, 66 de la Ley 12/2002, de 23 de mayo, por la que se aprueba el Concierto Económico entre el Estado y la Comunidad Autónoma del País Vasco, y 51 de la Ley 25/2003, de 15 de julio, por la que se aprueba la modificación del Convenio Económico entre el Estado y la Comunidad Foral de Navarra, por el tiempo que transcurra desde el planteamiento del conflicto hasta la resolución dictada por la respectiva Junta Arbitral.

Por su parte, el artículo 104 del RGAT considera **dilaciones no imputables a la Administración tributaria**:

- Los retrasos por parte del obligado tributario al que se refiera el procedimiento en el cumplimiento de comparecencias o requerimientos de aportación de documentos, antecedentes o información con trascendencia tributaria formulados por la Administración tributaria. La dilación se computará desde el día siguiente al de la fecha fijada para la comparecencia o desde el día siguiente al del fin del plazo concedido para la atención del requerimiento hasta el íntegro cumplimiento de lo solicitado. Los requerimientos de documentos, antecedentes o información con trascendencia tributaria que no figuren íntegramente cumplimentados no se tendrán por atendidos a efectos de este cómputo hasta que se cumplimenten debidamente, lo que se advertirá al obligado tributario, salvo que la normativa específica establezca otra cosa.

- La aportación por el obligado tributario de nuevos documentos y pruebas una vez realizado el trámite de audiencia o, en su caso, de alegaciones. La dilación se computará desde el día siguiente al de finalización del plazo de dicho trámite hasta la fecha en que se aporten. Cuando los documentos hubiesen sido requeridos durante la tramitación del procedimiento se aplicará lo dispuesto en el punto anterior.

- La concesión por la Administración de la ampliación de cualquier plazo, así como la concesión del aplazamiento de las actuaciones solicitado por el obligado, por el tiempo que medie desde el día siguiente al de la finalización del plazo previsto o la fecha inicialmente fijada hasta la fecha fijada en segundo lugar.

- La paralización del procedimiento iniciado a instancia del obligado tributario por la falta de cumplimentación de algún trámite indispensable para dictar resolución, por el tiempo que transcurra desde el día siguiente a aquel en que se considere incumplido el trámite hasta su cumplimentación por el obligado tributario, sin perjuicio de la posibilidad de que pueda declararse la caducidad, previa advertencia al interesado.

- El retraso en la notificación de las propuestas de resolución o de liquidación, por el tiempo que transcurra desde el día siguiente a aquel en que se haya realizado un intento de notificación hasta que dicha notificación se haya producido.

- La presentación por el obligado tributario de declaraciones en las que manifiesta la realización del hecho imponible y comunique los datos necesarios para cuantificar la obligación tributaria mediante una liquidación provisional reguladas en el artículo 128 de la LGT, de comunicaciones de datos o de solicitudes de devolución complementarias o sustitutivas de otras presentadas con anterioridad. La dilación se computará desde el día siguiente al de la finalización del plazo de presentación de la declaración, comunicación de datos o solicitud de devolución o desde el día siguiente al de la presentación en los supuestos de presentación fuera de plazo hasta la presentación de la declaración, comunicación de datos o solicitud de devolución, complementaria o sustitutiva.

- La falta de presentación en plazo de la declaración informativa con el contenido de los libros registro regulada en el artículo 36 del RGAT. La dilación se computará desde el inicio de un procedimiento en el que pueda surtir efectos, hasta la fecha de su presentación.

- El retraso en la notificación derivado de lo dispuesto en la D.A. 3.ª del Real Decreto 1363/2010, de 29 de octubre, por el que se regulan supuestos de notificaciones y comunicaciones administrativas obligatorias por medios electrónicos en el ámbito de la AEAT, en supuestos en que los actos a notificar se refieren a procedimientos de aplicación de los tributos ya iniciados. Deberá quedar acreditado que la notificación pudo ponerse a disposición del obligado tributario en la fecha por él seleccionada conforme a lo dispuesto en la citada D.A. 3.ª.

- El incumplimiento de la obligación de llevanza de los libros registro del IVA a través de la Sede electrónica de la AEAT para las personas y entidades a que se refiere el artículo 62.6 del RIVA. La dilación se computará desde el inicio de un procedimiento en el que pueda surtir efectos, hasta la fecha de su presentación o registro.

> **A TENER EN CUENTA**. Los períodos de interrupción justificada y las dilaciones por causa no imputable a la Administración se contarán por días naturales, y respecto del procedimiento inspector se estará a lo dispuesto en los artículos 150 de la LGT y 184 del RGAT.

La LGT ha recogido en el artículo 104 el régimen general de los actos presuntos establecido en los artículos 24 y 25 de la LPAC, diferenciándose:

- Los procedimientos iniciados a **solicitud de interesado**, en cuyo caso el vencimiento del plazo máximo sin haberse notificado resolución expresa produce los efectos que establezca su normativa reguladora. En defecto de dicha regulación, los interesados podrán entender estimadas sus solicitudes por silencio administrativo, excepto en los siguientes supuestos en los que el silencio tendrá efecto desestimatorio:

  » En los procedimientos de ejercicio del derecho de petición regulado en el artículo 29 de la Constitución.

  » En los procedimientos de impugnación de actos y disposiciones.

- Los procedimientos **iniciados de oficio**, en los cuales el vencimiento del plazo máximo establecido sin que se haya notificado resolución expresa producirá los efectos previstos en la normativa reguladora de cada procedimiento, y en su defecto se distinguen:

  » Los procedimientos de los que pueda derivarse el reconocimiento o, en su caso, la constitución de derechos u otras situaciones jurídicas individualizadas: En estos casos los obligados tributarios podrán entender desestimados por silencio administrativo los posibles efectos favorables derivados del procedimiento.

  » Los procedimientos susceptibles de producir efectos desfavorables o de gravamen: En esto casos se producirá la caducidad del procedimiento (así, por ejemplo, el procedimiento sancionador concluye por la declaración de caducidad —art. 211 de la LGT—, o la caducidad es declarada en los procedimientos especiales de revisión —arts. 217.6, 218 y 219.4 todos ellos de la LGT—).

> **A TENER EN CUENTA**. En los procedimientos iniciados de oficio, cuando se produzca una paralización del procedimiento por causa imputable al obligado tributario, la Administración deberá advertirle de que podrá declarar la caducidad del mismo transcurridos tres meses. Ahora bien, de acuerdo con lo establecido en el artículo 95 de la LPAC, no podrá acordarse la caducidad por la simple inactividad del interesado en la cumplimentación de trámites, siempre que no sean indispensables para dictar resolución.

CUESTIONES

1. ¿Cuándo empiezan a contarse los plazos de resolución?

Los plazos se contarán:

- En los procedimientos iniciados de oficio: desde la fecha de notificación del acuerdo de inicio.

- En los procedimientos iniciados a instancia del interesado: desde la fecha en que el documento haya tenido entrada en el registro del órgano competente para su tramitación. A estos efectos se entenderá por registro del órgano competente para la tramitación del procedimiento, el registro del órgano que resulte competente para iniciar la tramitación conforme al artículo 59 del RGAT o la normativa específica del procedimiento.

2. La resolución expresa posterior al momento en el que se considera producido el silencio administrativo, ¿se encuentra vinculada al sentido del silencio?

El apartado cuarto del artículo 101 del RGAT diferencia dos supuestos:

- Estimación por silencio administrativo: La resolución expresa posterior sólo podrá ser confirmatoria del mismo.

- Desestimación por silencio administrativo: La resolución expresa posterior al vencimiento del plazo se adoptará por la Administración sin vinculación alguna al sentido del silencio.

El **incumplimiento de los plazos máximos** de resolución (produzca o no la caducidad del procedimiento administrativo tributario) produce las siguientes consecuencias jurídicas:

- El efecto más sobresaliente es que el inicio de las actuaciones que forman parte del procedimiento no produce el efecto de interrumpir el plazo de prescripción (artículos 104.5 y 150.2 de la LGT). La caducidad no producirá, por sí sola, la prescripción de los derechos de la Administración tributaria, pero las actuaciones realizadas en los procedimientos caducados no interrumpirán el plazo de prescripción ni se considerarán requerimientos administrativos a los efectos previstos en artículo 27.1 de esta ley. Por ello, el nuevo procedimiento (en caso de caducidad) o la continuación del procedimiento sólo es posible si no ha prescrito el derecho de que se trate. Todo ello a excepción del procedimiento sancionador, que, como se ha dicho, caduca y produce el efecto de impedir un nuevo procedimiento sancionador por el mismo hecho.

- Las actuaciones realizadas en el curso de un procedimiento caducado, así como los documentos y otros elementos de prueba obtenidos en dicho procedimiento, conservarán su validez y eficacia a efectos probatorios en otros procedimientos iniciados o que puedan iniciarse con posterioridad en relación con el mismo u otro obligado tributario.

- El ingreso realizado durante el procedimiento caducado o dilatado indebidamente se considera ingreso espontáneo a efectos tributarios (artículo 150.2 de la LGT).

- No pueden exigirse intereses de demora en el período en que el procedimiento se dilató indebidamente.

Además, hay que señalar que los efectos del silencio administrativo se entenderán sin perjuicio de la facultad de la Administración de proceder a la comprobación o investigación de la situación tributaria de los obligados tributarios, con relación a la concurrencia de las condiciones y requisitos de beneficios fiscales

En la **DA 1.ª del RD 1065/2007, de 27 de julio**, se relacionan una serie de procedimientos que podrán entenderse desestimados (ap. 1) y estimados (ap. 2) por la falta de resolución en plazo.

JURISPRUDENCIA

Sentencia del Tribunal Supremo n.° 765/2025, de 16 de junio, ECLI:ES:TS:2025:2637

Asunto: Obligación de la Administración de declarar la caducidad.

«1. Se ratifica la doctrina jurisprudencial reiterada de esta Sala atinente a que la caducidad del procedimiento de gestión, susceptible de causar efectos desfavorables o de gravamen, ha de ser declarada obligatoriamente, sin que exista una pretendida facultad administrativa de no declararla. Tal declaración de caducidad ha de ser expresa, conforme a lo dispuesto en el artículo 104.5 LGT, en relación con el artículo 103.2 del mismo texto legal.

2. La falta de declaración expresa de caducidad de un procedimiento de comprobación limitada, relativo a un determinado concepto tributario (obligación tributaria o elemento de la obligación tributaria) y período impositivo, determina la invalidez del inicio de un ulterior procedimiento de inspección respecto de dicho concepto tributario (obligación tributaria o elemento de la obligación tributaria) y período impositivo».

1.5. Fase de prueba en los procedimientos tributarios

La fase probatoria en los procedimientos tributarios

El procedimiento tributario presenta la singularidad, frente al procedimiento general, de que, en lo que se refiere a la práctica de la prueba, no resulta necesaria la apertura de un período específico ni la comunicación previa de las actuaciones a los interesados (artículo 99.6 de la LGT).

La LGT señala que en su **artículo 105** que «*en los procedimientos de aplicación de los tributos quien haga valer su derecho deberá probar los hechos constitutivos del mismo*». Además, aclara que el deber de probar de los obligados tributarios se entenderá cumplido cuando estos designen de modo concreto los elementos de prueba en poder de la Administración tributaria. Es decir, el artículo 105 de la LGT establece un principio fundamental en los procedimientos de aplicación de los tributos: **la carga de la prueba recae sobre quien haga valer su derecho.**

Este deber de prueba se desarrolla en los artículos 105 a 108 de la LGT, que recogen los principales aspectos que regirán la prueba en el ámbito fiscal.

Corresponde a la Administración realizar la actividad precisa para la determinación de los hechos, elementos, y circunstancias que acrediten la obligación tributaria. Le corresponde pues a la **Administración la prueba del hecho imponible y de los elementos** que permiten su cuantificación. Es claro que no corresponde al contribuyente la prueba de su obligación. La Administración goza de determinados **privilegios** en esta tarea:

- En primer término, tiene la **potestad de calificación de los hechos**, dentro de ciertos límites.

- En segundo lugar, la **presunción de legalidad** de la actuación administrativa. Aunque debe aclararse convenientemente que la presunción de legalidad de la actuación administrativa no implica el desplazamiento de la carga de la prueba al obligado tributario, si así fuera se daría una patente de corso a la Administración para dictar cualesquiera actos sin las exigencias de determinación y motivación que en cada caso requieran.

Al respecto de la presunción de legalidad de la administración en el ámbito tributario se ha pronunciado en multitud de ocasiones nuestra jurisprudencia, reproducimos aquí un extracto de una sentencia del Tribunal Supremo que recoge parte de la jurisprudencia más interesante en lo que nos ocupa:

«El artículo 105.1 LGT establece expresamente que en "los procedimientos de aplicación de los tributos quien haga valer su derecho deberá probar los hechos constitutivos del mismo ". Determina, pues, que la carga de la prueba de los hechos constitutivos de la pretensión de cada parte corresponde a la parte que sostiene dicha pretensión, afirmación de principio que, tal y como recuerda la entidad recurrente, se ha venido interpretando por esta Sala de la siguiente forma: el artículo 114.1 de la derogada LGT de 1963, cuyo tenor literal era muy similar al del vigente artículo 105.1 LGT, " es un "precepto que de igual modo obliga al contribuyente como a la Administración", de manera que es a la Inspección de los Tributos a la que corresponde probar "los hechos en que descansa la liquidación impugnada", "sin que pueda desplazarse la carga de la prueba al que niega tales hechos", "convirtiendo aquella en una probatio diabolica referida a hechos negativos" [Sentencia de 18 de febrero de 2000 (rec. cas. núm. 3537/1995), FD Tercero]; pero cuando la liquidación tributaria se funda en las actuaciones inspectoras practicadas, que constan debidamente documentadas, es al contribuyente a quien incumbe desvirtuar las conclusiones alcanzadas por la Administración [Sentencias de 15 de febrero de 2003 (rec. cas. núm. 1302/1998), FD Séptimo; de 5 de julio de 2007 (rec. cas. para la unificación de doctrina núm. 251/2002), FD Cuarto; de 26 de octubre de 2007 (rec. cas. para la unificación de doctrina núm. 88/2003), FD Quinto; de 12 de noviembre de 2008 (rec. cas. para la unificación de doctrina núm. 370/2004), FD Cuarto.1]. En este sentido, hemos señalado que "[e]n los procedimientos de aplicación de los tributos quien haga valer su derecho (sea la Administración o los obligados tributarios) deberá probar los hechos constitutivos del mismo. Con ello, la LGT respeta el criterio general del Ordenamiento sobre la carga de la prueba, sin que el carácter imperativo de las normas procedimentales tributarias ni la presunción de legalidad y validez de los actos tributarios afecten al referido principio general.- En Derecho Tributario, la carga de la prueba tiene una referencia específica en el art. 114 LGT que impone a cada parte la prueba del hecho constitutivo de su pretensión, en términos afines a las tradicionales doctrinas civilistas". Tratándose -hemos dicho- "de un procedimiento administrativo inquisitivo, impulsado de oficio, ni la prueba ni carga de la prueba pueden tener la misma significación que en un proceso dispositivo. Comenzando por el hecho de que **la Administración deberá averiguar los hechos relevantes para la aplicación del tributo, incluidos, en su caso, los que pudieran favorecer al particular, aún no alegados por éste**. Y en pro de esa finalidad se imponen al sujeto pasivo del tributo, e incluso a terceros, deberes de suministrar, comunicar o declarar datos a la Administración, cuando no de acreditarlos, así como se establecen presunciones que invierten la carga de la prueba dispensando al ente público de la acreditación de los hechos presuntos.- La jurisprudencia es abundantísima sobre la carga de la prueba en el procedimiento de gestión tributaria, haciéndose eco e insistiendo en el principio general del art. 114 LGT y entendiendo que ello supone normalmente que la Administración ha de probar la existencia del hecho imponible y de los elementos que sirvan para cuantificarlos y el particular los hechos que le beneficien como los constitutivos de exenciones y beneficios fiscales, los no sujetos, etc. [Sentencia de 23 de enero de 2008 (rec. cas. para la unificación de doctrina núm. 95/2003), FD Cuarto; en sentido similar, Sentencia de 16 de octubre de 2008 (rec. cas. núm. 9223/2004), FD Quinto]. Así, hemos señalado que, en virtud del citado art. 114 L.G.T., correspondía al sujeto pasivo probar la efectividad y necesidad de los gastos cuya deducción se pretende [Sentencias de 19 de diciembre de 2003 (rec. cas. núm. 7409/1998), FD Sexto; de 9 de octubre de 2008 (rec. cas. núm. 1113/2005), FD Cuarto.1; de 16 de octubre de 2008, cit., FD Quinto de 15 de diciembre de 2008 (rec. cas. núm. 2397/2005), FD Tercero.3; de 15 de mayo de 2009 (rec. cas. núm. 1428/2005), FD Cuarto.1] " [sentencia de 25 de junio de 2009, FD Sexto (rec. cas. núm. 9180/2003) (ES: TS:2009:5841); y, en idénticos o parecidos términos, entre otras muchas, posteriormente, sentencias de 16 de junio de 2011, FD Tercero (rec. cas. núm. 4029/2008) (ES: TS:2011:4517); de 13 de octubre de 2011, FD Tercero (rec. cas. núm. 2283/2008) (ES: TS:2011:7229); de 2 de febrero de 2012, FD Tercero (rec. cas. núm. 686/2009) (ES: TS:2012:859); de 5 de julio de 2012, FD Sexto (rec. cas. núm. 2627/2009) (ES: TS:2012:5617); de 24 de marzo de 2014, FD Segundo (rec. cas. núm. 1028/2011) (ES: TS:2014:1195); o, en fin, de 12 de febrero de 2015, FD Quinto (rec. cas. núm. 2859/2013) (ES: TS:2015:527)]». **STS n.º 175/2019, de 13 de febrero, ECLI:ES:TS:2019:474**.

• En ciertos supuestos la ley ha establecido una **presunción de certeza** de determinados actos (artículo 107 de la LGT —valor probatorio de las diligencias—; artículo 144 de la LGT —valor probatorio de las actas de inspección—), desplazándose entonces la carga de la prueba al obligado tributario, quien debe probar que no se ajustan a la realidad los hechos consignados por la Administración. Así, por ejemplo, según el artículo 144 de la LGT, la eficacia probatoria de las actas de la inspección, en la que se realiza la propuesta de regularización, se refiere sólo a la parte fáctica del acta, a los hechos en ella consignados, y en ningún caso alcanza a la interpretación de la norma aplicada o a la calificación jurídica realizada por la Inspección, cuestiones éstas que acceden al Tribunal sin ninguna presunción de certeza, por mucho que rija el principio general de presunción de legalidad de la actuación administrativa. Luego, en realidad, no corresponde al contribuyente probar que la calificación es errónea, o incorrecta la determinación de la deuda llevada a cabo por la Administración, sino que compete a ésta probar –en todo aquello en lo que no exista presunción de certeza establecida por la ley– que la regularización o liquidación está fundada en derecho, aunque en ocasiones la inversión de la carga de la prueba opera *de facto* en la práctica. Por lo tanto, al contribuyente le corresponde en realidad **probar el hecho contradictorio con el fijado en su contra por la Administración**. A tales efectos serán de aplicación las normas que sobre medios y valoración de prueba se contienen en el Código Civil y en la Ley de Enjuiciamiento Civil.

|| Los medios de prueba y su valoración

De acuerdo con la regla general de establecer la carga de la prueba en función de la proximidad a la fuente de prueba o facilidad de la misma, basta con designar de modo concreto los elementos de prueba cuando estos se encuentren en poder de la Administración. El artículo 105 de la LGT, apartado 2, no es muy técnico cuando se refiere al cumplimiento del deber de probar, pues tal deber no existe en realidad, sin perjuicio de que la falta de prueba de un hecho favorable al obligado produce las consecuencias negativas de considerarlo no probado cuando la carga de la prueba le corresponda. En cualquier caso, por la sujeción de la Administración al interés público tutelado por la ley debe averiguar también los hechos relevantes para la aplicación del tributo que resulten favorables al obligado tributario, y no sólo los perjudiciales.

Tratándose del **procedimiento sancionador**, toda vez que rige en él el derecho a la presunción de inocencia, no existe propiamente la carga formal de la prueba en el administrado, pues todo el deber probatorio relativo a los presupuestos de la sanción corresponde la Administración tributaria.

La jurisprudencia ha considerado que no pueden extenderse de forma automática al procedimiento administrativo las **garantías procesales** del artículo 24 de la CE, en particular el derecho a la tutela judicial efectiva. Sólo en el caso del procedimiento sancionador, en el que la Administración ejerce el *ius puniendi* del Estado, puede plantearse la extensión de las garantías del proceso penal, sin que en general pueda entenderse vulnerado aquel derecho por las actuaciones que tienen lugar en el procedimiento de gestión. Un amplio sector de doctrina ha considerado que no existe en el procedimiento de gestión tributaria actividad probatoria en su estricto sentido terminológico. Pero en todo caso, al margen de la cuestión dogmática de si se trata propiamente de actividad probatoria, como hemos expuesto, **corresponde a la Administración acreditar que su actuación no es arbitraria** (en el sentido del artículo 9.3 y 106 de la CE) y que la determinación de los presupuestos fácticos de la obligación tributaria se ha realizado con el adecuado soporte probatorio. Cuestión distinta es que puedan considerarse vulnerados en el procedimiento administrativo derechos fundamentales asociados a la admisión y práctica de la prueba como si se tratase de verdadero proceso judicial.

La extensión de las normas sobre prueba del proceso civil al procedimiento administrativo tiene lugar en virtud de lo dispuesto en el artículo 106 de la LGT, conforme al cual en los procedimientos tributarios serán de aplicación las normas que sobre medios y valoración de prueba se contienen en el Código Civil y en la Ley de Enjuiciamiento Civil.

Este artículo 106 de la LGT además de esta norma general prevé unas disposiciones específicas relativas a la **forma de acreditar los gastos deducibles o cuotas compensables**, expresión del método inductivo seguido en ocasiones por la LGT a partir de las leyes particulares de los distintos tributos:

- Las pruebas o informaciones suministradas por otros Estados o entidades internacionales o supranacionales en el marco de la asistencia mutua podrán incorporarse, con el valor probatorio que proceda conforme a la regulación civil, al procedimiento que corresponda.

- La ley propia de cada tributo podrá exigir requisitos formales de deducibilidad para determinadas operaciones que tengan relevancia para la cuantificación de la obligación tributaria.

- Los gastos deducibles y las deducciones que se practiquen, cuando estén originados por operaciones realizadas por empresarios o profesionales, deberán justificarse, de forma prioritaria, mediante la factura entregada por el empresario o profesional que haya realizado la correspondiente operación que cumpla los requisitos señalados en la normativa tributaria. Sin perjuicio de lo anterior, la factura no constituye un medio de prueba privilegiado respecto de la existencia de las operaciones, por lo que una vez que la Administración cuestiona fundadamente su efectividad, corresponde al obligado tributario aportar pruebas sobre la realidad de las operaciones.

De otro lado, la analogía con el procedimiento judicial es evidente cuando se trata del procedimiento de las reclamaciones económico-administrativas, por su naturaleza *cuasi* jurisdiccional, aunque aún no se han dado pasos decisivos en la jurisprudencia para extender a este procedimiento las garantías procesales del artículo 24 de la CE, aunque la LGT ha introducido el denominado recurso de anulación a través del cual puede atacarse en la propia vía administrativa (antes de recurrir a la judicial) la resolución de la reclamación, entre otras razones, cuando se hayan declarado inexistentes (no se hayan valorado) pruebas oportunamente presentadas (artículo 241.bis de la LGT).

La propia LGT en su artículo 107 contiene dos presunciones *iuris tantum* sobre el valor probatorio de las diligencias:

- Con relación a las diligencias extendidas en el curso de las actuaciones y los procedimientos tributarios: Se establece que, salvo prueba en contra, tienen naturaleza de documentos públicos y hacen prueba de los hechos que motiven su formalización.

- Con relación a los hechos contenidos en las diligencias y aceptados por el obligado tributario objeto de procedimiento, así como sus manifestaciones: Se presumirán ciertos y sólo podrán rectificarse mediante prueba de que incurrieron en error de hecho.

|| Las presunciones como medio de prueba en el derecho tributario

Las normas tributarias establecen una serie de presunciones que, según señala el artículo 108 de la LGT, pueden destruirse mediante prueba en contrario, excepto en los casos en que una norma con rango de ley expresamente lo prohíba. Añade además que, para que las presunciones no establecidas por las normas sean admisibles como medio de prueba, es indispensable que entre el hecho demostrado y aquel que se trate de deducir haya un enlace preciso y directo según las reglas del criterio humano.

Cabe citar aquí la **sentencia de la Audiencia Nacional, rec. 384/20015, de 17 de abril de 2019, ECLI:ES:AN:2019:1949**, que, citando al Tribunal Supremo, afirma:

> «Nuestra doctrina reiterada sostiene que la válida utilización de esa clase de prueba requiere la concurrencia de los siguientes requisitos: (a) que aparezcan acreditados los hechos constitutivos del indicio o hecho base; (b) que exista una relación lógica entre tales hechos y la consecuencia extraída; y (c) que esté presente el razonamiento deductivo que lleva al resultado de considerar probado el presupuesto fáctico contemplado en la norma para la aplicación de su consecuencia jurídica, como exige de manera expresa el artículo 386.1, párrafo segundo, de la Ley 1/2000, de 7 de enero, de Enjuiciamiento civil (BOE de 8 de enero) Ley de Enjuiciamiento Civil, al señalar que «en la sentencia en la que se aplique el párrafo anterior (las presunciones judiciales) deberá incluir el razonamiento en virtud del cual el tribunal ha establecido la presunción». Dicho, en otros términos, la prueba de presunciones consta de un elemento o dato objetivo, que es el constituido por el hecho base que ha de estar suficientemente acreditado, del que parte la inferencia, esto es, la operación lógica que lleva al hecho consecuencia, que será tanto más rectamente entendida cuanto más coherente y razonable aparezca el camino de la inferencia. Puede hablarse, en tal sentido, de rechazo de la incoherencia, de la irrazonabilidad y de la arbitrariedad, que operan como límites a la admisibilidad de la presunción como prueba [véanse, por todas, las sentencias emanadas de esta misma Sección el 10 de noviembre de 2011 (casación 331/09, FJ 6 °) y 17 de noviembre de 2011 (casación 3979/07, FJ 3°)]».

A continuación, el artículo 108 de la LGT recoge una serie de presunciones:

- La Administración tributaria podrá considerar como titular de cualquier bien, derecho, empresa, servicio, actividad, explotación o función a quien figure como tal en un **registro fiscal o en otros de carácter público**, salvo prueba en contrario.

- Los **datos y elementos de hecho consignados en las autoliquidaciones, declaraciones, comunicaciones** y demás documentos presentados por los obligados tributarios se presumen ciertos para ellos y sólo podrán rectificarse por los mismos mediante prueba en contrario.

- Los **datos incluidos en declaraciones o contestaciones a requerimientos** en cumplimiento de la obligación de suministro de información recogida en los artículos 93 y 94 de la LGT que vayan a ser utilizados en la regularización de la situación tributaria de otros obligados se presumen ciertos, pero deberán ser contrastados de acuerdo con lo dispuesto en esta sección cuando el obligado tributario alegue la inexactitud o falsedad de los mismos. Para ello podrá exigirse al declarante que ratifique y aporte prueba de los datos relativos a terceros incluidos en las declaraciones presentadas.

- En el caso de obligaciones tributarias con periodos de liquidación inferior al año, se podrá realizar una distribución lineal de la cuota anual que resulte entre los periodos de liquidación correspondientes cuando la Administración Tributaria no pueda, en base a la información obrante en su poder, atribuirla a un periodo de liquidación concreto conforme a la normativa reguladora del tributo, y el obligado tributario, requerido expresamente a tal efecto, no justifique que procede un reparto temporal diferente.

> **RESOLUCIÓN RELEVANTE**
>
> **Sentencia de la Audiencia Nacional, rec. 61/2022, de 13 de octubre de 2025, ECLI:ES:AN:2025:4526**
>
> **Asunto: La validez constitucional de las presunciones.**
>
> *«Como señala, entre otras, la STS de 25 de noviembre de 2019, el Tribunal Constitucional "ha venido considerando que las presunciones son medio de prueba válido y eficaz siempre que los indicios hayan quedado suficientemente probados por medios directos y que exista el necesario enlace prelación unívoca entre el hecho base debidamente acreditado de indicio y el hecho consecuente deducido o presumido qué se pretende, acreditar para la aplicación de la norma y que se exprese, razonadamente, el referido enlace de relación (ya desde las tempranas TC de, 21 de diciembre de 1988, de 8 de junio de 1990, de 24 de enero de 1991, de 13 de julio de 1998 y de 20 de enero de 1999) (...)"».*

1.6. Notificaciones en materia tributaria

¿Cómo se realizan las notificaciones de los actos tributarios?

Las notificaciones de los actos tributarios se someten al régimen general de las notificaciones previsto en las normas administrativas, con las especialidades que establece la LGT. De acuerdo con ello, la notificación de un acto administrativo tiene una doble finalidad:

- De ella depende la propia eficacia del acto, conforme a lo establecido en el artículo 39 de la LPAC.
- Es el presupuesto para que el interesado pueda ejercitar su derecho al recurso.

A este respecto nuestra jurisprudencia —véase, por ejemplo, la **STS n.º 1558/2023, de 23 de noviembre, ECLI:ES:TS:2023:5121**— ha venido señalando que *«(...) sí, pese a los vicios de cualquier gravedad en la notificación, puede afirmarse que el interesado llegó a conocer el acto o resolución por cualquier medio -y, por lo tanto, pudo defenderse frente al mismo-, o no lo* *hizo exclusivamente por su negligencia o mala fe, no cabe alegar lesión alguna de las garantías constitucionales, dado el principio antiformalista y el principio general de buena fe que rigen en esta materia, según reiterada jurisprudencia».*

RESOLUCIÓN RELEVANTE

Sentencia del Tribunal Supremo n.º 1501/2025, de 20 de noviembre, ECLI:ES:TS:2025:5446

Asunto: Jurisprudencia del TS sobre las notificaciones administrativas.

«Con carácter general se ha entendido que lo relevante en las notificaciones no es tanto que se cumplan las previsiones legales sobre cómo se llevan a efecto las notificaciones, sino el hecho de que los administrados lleguen a tener conocimiento de ellas o haya podido tener conocimiento del acto notificado, en dicho sentido la sentencia del Tribunal Supremo de 7 de octubre de 2015, rec. cas. 680/2014; puesto que la finalidad constitucional, a la que antes se hacía mención, se manifiesta en que su finalidad material es llevar al conocimiento de sus destinatarios los actos y resoluciones al objeto de que éstos puedan adoptar la conducta procesal que consideren conveniente a la defensa de sus derechos e intereses y, por ello, constituyen elemento fundamental del núcleo de la tutela judicial efectiva sin indefensión garantizada en el art. 24.1 de la Constitución española (CE), sentencias del Tribunal Constitucional 59/1998, de 16 de marzo, FJ 3, ó 221/2003, de 15 de diciembre, FJ 4; 55/2003, de 24 de marzo, FJ 2. Este es el foco que en definitiva debe alumbrar cualquier lectura que se haga de esta materia, lo que alcanza, sin duda, también a las notificaciones electrónicas.

Desde luego el desconocimiento de lo que se notifica, hace imposible no ya que pueda desplegarse una defensa eficaz, sino cualquier defensa. Por ello, lo realmente sustancial es que el interesado llegue al conocimiento del acto, sea uno u otro el medio, y por consiguiente pudo defenderse, o no lo hizo exclusivamente por su negligencia o mala fe, en cuyo caso no cabe alegar lesión alguna de las garantías constitucionales, dado el principio antiformalista y el principio general de buena fe que rigen en esta materia, sentencias del Tribunal Constitucional 101/1990, de 4 de junio, FJ 1; 126/1996, de 9 de julio, FJ 2; 34/2001, de 12 de febrero, FJ 2; 55/2003, de 24 de marzo, FJ 2; 90/2003, de 19 de mayo, FJ 2; y 43/2006, de 13 de febrero, FJ 2]. Por ello, como este Tribunal ha dicho, lo relevante, pues, no es tanto que se cumplan las previsiones legales sobre cómo se llevan a efecto las notificaciones, sino el hecho de que los administrados lleguen a tener conocimiento de ellas. Todo lo cual lleva a concluir, en palabras del propio Tribunal Constitucional, que ni toda deficiencia en la práctica de la notificación implica necesariamente una vulneración del art. 24.1 CE, ni, al contrario, una notificación correctamente practicada en el plano formal supone que se alcance la finalidad que le es propia, es decir, que respete las garantías constitucionales que dicho precepto establece, sentencias del Tribunal Constitucional 126/1991, FJ 5; 290/1993, FJ 4; 149/1998, FJ 3; y 78/1999, de 26 de abril, FJ 2].

Debe tenerse en cuenta que, como se ha señalado en numerosas ocasiones por este Tribunal, con carácter general, cuando se respetan en la notificación las formalidades establecidas normativamente siendo su única finalidad la de garantizar que el acto o resolución llegue a conocimiento del interesado, debe partirse en todo caso de la presunción iuris tantum de que el acto de que se trate ha llegado tempestivamente a conocimiento del interesado; presunción que cabe enervar por el interesado de acreditar suficientemente, bien que, pese a su diligencia, el acto no llegó a su conocimiento o lo hizo en una fecha en la que ya no cabía reaccionar contra el mismo; o bien que, pese a no haber actuado con la diligencia debida (naturalmente, se excluyen los casos en que se aprecie mala fe), la Administración tributaria tampoco ha procedido con la diligencia y buena fe que le resultan reclamables».

|| El lugar de notificación del acto tributario

En los procedimientos iniciados a solicitud del interesado, la notificación se practicará en el lugar señalado a tal efecto por el obligado tributario o su representante o, en su defecto, en el domicilio fiscal de uno u otro.

En los procedimientos iniciados de oficio, la notificación podrá practicarse en el domicilio fiscal del obligado tributario o su representante, en el centro de trabajo, en el lugar donde se desarrolle la actividad económica o en cualquier otro adecuado a tal fin.

La LGT establece, por tanto, diversos lugares para la práctica de la notificación en función de si el acto a notificar se dicta en el seno de un procedimiento iniciado a instancia de parte o de oficio. A estos efectos tal y como recoge el Tribunal Supremo en su **sentencia, rec. 680/2014, de 7 de octubre de 2015, ECLI:ES:TS:2015:4331:**

> «En este contexto, si el **procedimiento** se inicia a **instancia de parte** la notificación se practicará en el lugar señalado a tal efecto por el obligado tributario o su representante o, en su defecto, en el domicilio fiscal de uno u otro (artículo 110.1 de la LGT). De forma que la Administración Tributaria podrá practicar sus notificaciones no sólo en el domicilio fiscal (aunque sigue siendo el lugar prevalente), sino en el lugar que señale el interesado o su representante (que puede coincidir o no con el domicilio fiscal).
>
> Si no se pudiera practicar la notificación en ninguno de estos lugares, no se permite a la Administración que lo intente en cualquier otro lugar adecuado a tal fin, como puede ser el lugar de trabajo del interesado, tal como preveía el artículo 105.4 de la LGT de 1963.
>
> En cambio, en los **procedimientos iniciados de oficio** la notificación podrá practicarse en el domicilio fiscal del obligado tributario o su representante, en el centro de trabajo, en el lugar donde se desarrolle su actividad económica o en cualquier otro adecuado a tal fin (artículo 110.2 de la LGT).
>
> En este caso, queda en manos de la Administración la elección concreta de uno de los siguientes lugares para la práctica de la notificación, sin quedar sujeta a un orden de prelación determinado a diferencia de lo que ocurre cuando el procedimiento se inicia a instancia de parte: el domicilio fiscal del obligado o su representante, el lugar de trabajo del interesado o el lugar donde desarrolla su actividad económica o bien cualquier otro lugar adecuado a tal fin.
>
> Finalmente hay que señalar que, si bien el domicilio fiscal no es el único lugar donde pueden practicarse las notificaciones tributarias, sigue ocupando un puesto destacado, aunque no preferente, tal como evidencia tanto el propio artículo 110 como el 111.1 (en relación con la posibilidad de la recepción de la notificación por un tercero que se encuentre en el domicilio fiscal del interesado o su representante) y el 112 de la LGT (en tanto que, en principio, dos intentos de practicar sin éxito la notificación en el domicilio fiscal habilitan para la práctica de la notificación por comparecencia)».

El Tribunal Supremo ha señalado que, si bien, esta distinción obedece a la propia mecánica del inicio de un procedimiento donde se hace necesario que, en los instados por el particular, la Administración sepa donde poder notificar sus decisiones, el contribuyente también podrá en los iniciados de oficio, si así lo manifiesta expresamente, designar otro domicilio donde se practiquen los actos de comunicación, sobre todo si de ello depende su derecho a la defensa. Por ello en la **STS n.º 902/2025, de 1 de julio, ECLI:ES:TS:2025:3259**, se fija como **doctrina** que «(...) *en los procedimientos tributarios iniciados de oficio o a instancia de parte, la Administración tributaria deberá practicar las notificaciones por el cauce que sea procedente u obligatorio, en el domicilio expresamente designado por el contribuyente o su representante legal, sobre todo cuando de ello depende su derecho a la defensa*».

‖ **¿Quiénes están legitimados para recibir las notificaciones?**

El artículo 111 de la LGT establece los casos tasados en los que se permite que la notificación se practique a través de las personas concretas que enumera, distintas del obligado tributario o de su representante, y en este sentido dispone que cuando la notificación se practique en el lugar señalado al efecto por el obligado tributario o por su representante, o en el domicilio fiscal de uno u otro, de no hallarse presentes en el momento de la entrega, podrá hacerse cargo de la misma:

- Cualquier persona que se encuentre en dicho lugar o domicilio y haga constar su identidad.

- Los empleados de la comunidad de vecinos o de propietarios donde radique el lugar señalado a efectos de notificaciones o el domicilio fiscal del obligado o su representante.

Cabe citar aquí la **sentencia del Tribunal Supremo n.º 6/2018, de 4 de enero, ECLI:ES:TS:2018:28**, en la que se interpreta dicho artículo de la siguiente manera:

«Y esta conclusión no resulta desvirtuada por la doctrina jurisprudencial citada por la parte recurrente, porque el Tribunal Supremo admite que su elaboración es muy casuística y establece que "al objeto de determinar si debe entenderse que el acto administrativo o resolución notificada llegó o debió llegar a conocimiento tempestivo del interesado, los elementos que, con carácter general deben ponderarse, son dos. En primer lugar, el **grado de cumplimiento por la Administración de las formalidades establecidas en la norma en materia de notificaciones**, en la medida en que tales formalidades van únicamente dirigidas a garantizar que el acto llegue efectivamente a conocimiento de su destinatario. Y, en segundo lugar, las **circunstancias particulares concurrentes en cada caso**, entre las que necesariamente deben destacarse tres: a) el **grado de diligencia demostrada tanto por el interesado como por la Administración**; b) el **conocimiento que**, no obstante el incumplimiento en su notificación de todas o algunas de las formalidades previstas en la norma, **el interesado haya podido tener del acto o resolución** por cualesquiera medios; y, en fin, c) el **comportamiento de los terceros** que, en atención a la cercanía o proximidad geográfica con el interesado, pueden aceptar y aceptan la notificación" - STS, Sala 3ª, sec. 2ª, S 17-2-2014, rec. 3075/2010 -.

Ya se han analizado las circunstancias concurrentes y de las mismas no se desprende a juicio de la Sala que la actuación del tercero, compañero de despacho del representante de la sociedad, al rehusar la notificación por no estar autorizado, contravenga las exigencias propias de la buena fe».

Nuestro Alto Tribunal —**STS, rec. 680/2014, de 7 de octubre, ECLI:ES:TS:2015:4331**— también ha señalado que, con relación al artículo 111 de la LGT, es necesario realizar las siguientes observaciones:

- La recepción por una tercera persona solamente puede suceder cuando el lugar para practicar la notificación es el domicilio o el lugar señalado a tal efecto por el obligado o su representante no en el resto de casos.

- Como el legislador ha utilizado la expresión «podrá hacerse cargo» la tercera persona de la notificación, ello supone que no impone a la persona que se encuentre en el domicilio del interesado o su representante la obligación de recibir la notificación, sino que simplemente están facultados a ello. Es decir, la vigente LGT (al igual que la de 1963), siguiendo los pasos de la LRJPAC, no impone la obligación de colaborar en la recepción de la notificación, pero la facilita.

El rechazo de la notificación realizado por el interesado o su representante implicará que se tenga por efectuada la misma.

RESOLUCIÓN RELEVANTE

STS n.° 513/2019, de 11 de abril, ECLI:ES:TS:2019:1270

Asunto: Sistematización de la jurisprudencia del TC y del TS sobre la validez de las notificaciones.

«Algunas de las ideas principales que se destacan en orden a esa meta de homogeneidad se pueden resumir en lo siguiente:

- La notificación tiene una suma relevancia para el ejercicio de los derechos y la defensa de los intereses que se quieran hacer valer frente a una determinada actuación administrativa.

- La función principal de la notificación es precisamente dar a conocer al interesado el acto que incida en su esfera de derechos o intereses.

Lo que acaba de afirmarse pone bien de manifiesto que lo relevante para decidir la validez o no de una notificación será que, a través de ella, el destinatario de la misma haya tenido un real conocimiento del acto notificado.

- Las consecuencias finales de lo que antecede serán básicamente estas dos: que la regularidad formal de la notificación no será suficiente para su validez si el notificado no tuvo conocimiento real del acto que había de comunicársele; y, paralelamente, que los incumplimientos de las formalidades establecidas no serán obstáculo para admitir la validez de la notificación si ha quedado debidamente acreditado que su destinatario tuvo un real conocimiento del acto comunicado.

Con base en las anteriores ideas se subraya la necesidad de diferenciar situaciones y sentar respecto de ellas algunos criterios; una diferenciación que principalmente conduce a lo que continúa:

- Notificaciones que respetan todas las formalidades establecidas: en ellas debe de partirse de la presunción iuris tantum de que el acto ha llegado tempestivamente a conocimiento del interesado; pero podrán enervarse en los casos en los que se haya acreditado suficientemente lo contrario.

- Notificaciones de que han desconocido formalidades de carácter sustancial (entre las que deben incluirse las practicadas, a través de un tercero, en un lugar distinto al domicilio del interesado: en estas ha de presumirse que el acto no llegó

a conocimiento tempestivo del interesado y le causó indefensión; pero esta presunción admite prueba en contrario cuya carga recae sobre la Administración, una prueba que habrá de considerarse cumplida cuando se acredite suficientemente que el acto llegó a conocimiento del interesado.

- Notificaciones que quebrantan formalidades de carácter secundario: en las mismas habrá de partir de de la presunción de que él acto ha llegado a conocimiento tempestivo del interesado».

|| La notificación por comparecencia

El artículo 112 de la LGT faculta a la Administración a realizar notificaciones por comparecencia, y para ello exige el cumplimiento de los siguientes requisitos:

- Que no sea posible efectuar la notificación al interesado o a su representante por causas no imputables a la Administración tributaria.

- La notificación debe haberse intentado al menos dos veces en el domicilio fiscal, o en el designado por el interesado si se trata de un procedimiento iniciado a solicitud del mismo. Será suficiente un solo intento cuando el destinatario conste como desconocido en dicho domicilio o lugar.

- Los intentos de notificación se harán constar en el expediente de las circunstancias de los intentos de notificación.

A TENER EN CUENTA. El apartado primero del artículo 114 del RGAT dispone que cuando no sea posible efectuar la notificación al obligado tributario o a su representante por causas no imputables a la Administración se harán constar en el expediente las circunstancias del intento de notificación. Se dejará constancia expresa del rechazo de la notificación, de que el destinatario está ausente o de que consta como desconocido en su domicilio fiscal o en el lugar designado al efecto para realizar la notificación. Una vez realizados los dos intentos de notificación sin éxito se procederá cuando ello sea posible a dejar al destinatario aviso de llegada en el correspondiente casillero domiciliario, indicándole en la diligencia que se extienda por duplicado, la posibilidad de personación ante la dependencia al objeto de hacerle entrega del acto, plazo y circunstancias relativas al segundo intento de entrega. Dicho aviso de llegada se dejará a efectos exclusivamente informativos.

Cuando se den estas circunstancias se citará al interesado o a su representante para ser notificados por comparecencia por medio de anuncios que se publicarán, por una sola vez para cada interesado, en el Boletín Oficial del Estado. Esta publicación en el BOE se efectuará los lunes, miércoles y viernes de cada semana. Estos anuncios podrán exponerse asimismo en la oficina de la Administración tributaria correspondiente al último domicilio fiscal conocido. En el caso de que el último domicilio conocido radicara en el extranjero, el anuncio se podrá exponer en el consulado o sección consular de la embajada correspondiente.

CUESTIÓN

¿Qué datos deben constar en la publicación?

En la publicación constarán:

- La relación de notificaciones pendientes.
- Indicación del obligado tributario o su representante.
- El procedimiento que las motiva.
- El órgano competente de su tramitación.
- El lugar y plazo en que el destinatario de las mismas deberá comparecer para ser notificado.

Mediante este anuncio se busca convocar la comparecencia del obligado ausente, con la finalidad de practicar una notificación personal. Luego no se trata de la publicación de la resolución por medio de edictos sino de la citación al interesado por este medio para ser notificado por comparecencia.

Se ha planteado en la práctica la cuestión de la eficacia de la notificación edictal cuando a pesar de no haberse realizado de forma expresa la declaración de cambio de domicilio, como requiere el artículo 48 de la LGT, no obstante, la Administración puede conocer que ese cambio se ha producido. Debe tenerse en cuenta que, si bien, cuando el destinatario no es hallado en el lugar por él designado, la Administración no tiene obligación de llevar a cabo «largas, arduas y complejas indagaciones ajenas a su función» (sentencia del Tribunal Constitucional n.º 133/1986, de 29 de octubre, ECLI:ES:TC:1986:133), en ocasiones la Administración puede investigar el cambio de domicilio con una mínima gestión. En estos casos, es exigible a la Administración una mínima comprobación antes de optar por la publicación edictal. Así lo ha declarado la jurisprudencia exigiendo de la Administración una labor razonablemente prudente para notificar al interesado los actos que le afecten. Por lo tanto, aunque es carga del obligado tributario la comunicación del cambio de domicilio fiscal, de modo que la Administración debe intentar la notificación en el domicilio declarado, en los supuestos en que fácilmente puede comprobar la variación o existan indicios para hacer pensar que ese cambio se ha producido, debe realizar una mínima investigación. Por ello, el Tribunal Supremo, aunque establece como doctrina legal que el cambio de domicilio declarado a otros efectos administrativos no sustituye la declaración tributaria expresa de cambio de domicilio fiscal, ha reconocido que una declaración-liquidación o autoliquidación realizada con motivo de un tributo del que deba tener conocimiento la Administración en el desarrollo de la gestión tributaria de aquél, puede equivaler a la declaración expresa de cambio de domicilio fiscal.

La comparecencia deberá producirse en el plazo de **15 días naturales**, contados desde el siguiente al de la publicación del anuncio en el BOE. Transcurrido dicho plazo sin comparecer, la notificación se entenderá producida a todos los efectos legales el día siguiente al del vencimiento del plazo señalado. En el caso de que la comparecencia se produzca se practicará la notificación correspondiente y se dejará constancia de la misma en la correspondiente diligencia en la que, además, constará la firma del compareciente.

Deberá incorporarse al expediente la referencia al boletín oficial donde se publicó el anuncio.

Cuando el inicio de un procedimiento o cualquiera de sus trámites se entiendan notificados por no haber comparecido el obligado tributario o su representante, se le tendrá por notificado de las sucesivas actuaciones y diligencias de dicho procedimiento, y se mantendrá el derecho que le asiste a comparecer en cualquier momento del mismo. Sin embargo, deberán ser notificados conforme a lo expuesto en este apartado tanto las liquidaciones que se dicten en el procedimiento como los acuerdos de enajenación de los bienes embargados.

Por tanto, tal y como señala la **STS, rec. 2307/2014, de 9 de marzo de 2016, ECLI:ES:TS:2016:1049**, con relación al artículo 112 de la LGT: «*En este supuesto se citará al interesado o a su representante para ser notificados por comparecencia por medio de anuncios que se publicarán, por una sola vez para cada interesado, en el Boletín Oficial del Estado o en los Boletines de las Comunidades Autónomas o de las provincias según la Administración de la que proceda el acto que se pretende notificar y el ámbito territorial del órgano que lo dicta. En todo caso, la comparecencia deberá producirse en el plazo de 15 días naturales, contados desde el siguiente al de la publicación en la sede electrónica o la publicación del anuncio en el correspondiente «Boletín Oficial». Transcurrido dicho plazo sin comparecer, la notificación se entenderá producida a todos los efectos legales el día siguiente al del vencimiento del plazo señalado*».

|| Las notificaciones fiscales por medios electrónicos

El **Real Decreto 1363/2010, de 29 de octubre, por el que se regulan supuestos de notificaciones y comunicaciones administrativas obligatorias por medios electrónicos en el ámbito de la Agencia Estatal de Administración Tributaria**, establece la obligación de utilizar medios electrónicos en las comunicaciones y notificaciones que deba efectuar la AEAT en sus actuaciones y procedimientos tributarios, aduaneros y estadísticos de comercio exterior y en la gestión recaudatoria de los recursos de otros entes y Administraciones públicas que tiene atribuida o encomendada.

Estarán **obligados a recibir** por medios electrónicos las comunicaciones y notificaciones administrativas que les dirija la AEAT las entidades que tengan la forma jurídica de:

- **Sociedad anónima** (NIF que empiece por la letra A).
- Sociedad de **responsabilidad limitada** (NIF que empiece por la letra B).
- Las personas **jurídicas y entidades sin personalidad jurídica** que carezcan de nacionalidad española (NIF que empiece por la letra N).
- Los **establecimientos permanentes y sucursales** de entidades no residentes en territorio español (NIF que empiece con la letra W).
- Las **Uniones Temporales de Empresas** (NIF empieza por la letra U).
- Las **entidades cuyo NIF empiece por la letra V** y se corresponda con uno de los siguientes tipos: Agrupación de interés económico, Agrupación de interés económico europea, Fondo de Pensiones, Fondo de capital riesgo, Fondo de inversiones, Fondo de titulización de activos,

Fondo de regularización del mercado hipotecario, Fondo de tituliza-ción hipotecaria o Fondo de garantía de inversiones.

Con **independencia de su personalidad o forma jurídica**, estarán **obliga-dos a recibir** por medios electrónicos las notificaciones de la AEAT las per-sonas y entidades que:

- Estuvieran inscritas en el **Registro de grandes empresas,** es decir, aquellas cuyo volumen de operaciones supere la cifra de 6.010.121,04 euros durante el año inmediato anterior (artículo 3.5 del Real Decreto 1065/2007, de 27 de julio, por el que se aprueba el Reglamento Gene-ral de las actuaciones y los procedimientos de gestión e inspección tributaria y de desarrollo de las normas comunes de los procedimien-tos de aplicación de los tributos).

- Que hayan optado por la tributación en el **régimen de consolidación fiscal,** en virtud de lo dispuesto en la LIS.

- Que hayan optado por la tributación en el **régimen especial del grupo de entidades,** regulado en la LIVA.

- Que estuvieran inscritas en el **registro de devolución mensual,** regu-lado en el RIVA.

- Aquellas que tengan la condición de representantes aduaneros se-gún lo dispuesto en el Real Decreto 335/2010, de 19 de marzo, por el que se regula el derecho a efectuar declaraciones en aduana y la figu-ra del representante aduanero, o presenten declaraciones aduaneras por vía electrónica.

El obligado será excluido del sistema de dirección electrónica cuando de-jen de concurrir en él las circunstancias que determinaron su inclusión, siem-pre que así lo **solicite expresamente**, por medio de solicitud específica pre-sentada por medios electrónicos en la sede electrónica de la AEAT.

No obstante, lo establecido en el apartado anterior, la Agencia Estatal de Administración Tributaria podrá practicar las notificaciones por los medios no electrónicos:

- Cuando la comunicación o notificación se realice con ocasión de la comparecencia espontánea del obligado (o representante) en las ofi-cinas de la AEAT y solicite la comunicación personal en ese momento.

- Cuando la comunicación o notificación electrónica resulte incompa-tible con la inmediatez o celeridad que requiera la actuación adminis-trativa para asegurar su eficacia.

- Cuando las comunicaciones y notificaciones hubieran sido puestas a disposición del prestador del servicio de notificaciones postales para su entrega a los obligados tributarios con antelación a la fecha en que la AEAT tenga constancia de la comunicación al obligado de su inclu-sión en el sistema de dirección electrónica habilitada.

Si en algunos de los supuestos referidos en el apartado anterior la Agen-cia Estatal de Administración Tributaria llegara a practicar la comunicación o notificación por medios electrónicos y no electrónicos, se entenderán producidos todos los efectos a partir de la primera de las comunicaciones o notificaciones efectuada.

En **ningún caso** se efectuarán en la dirección electrónica habilitada las siguientes comunicaciones y notificaciones:

- Aquellas en las que el acto a notificar vaya acompañado de elementos que no sean susceptibles de conversión en formato electrónico.

- Las que, con arreglo a su normativa, deban practicarse mediante personación en el domicilio fiscal del obligado o en otro lugar señalado al efecto por la normativa o en cualquier otra forma no electrónica.

- Las que efectúe la AEAT en la tramitación de las reclamaciones económico-administrativas.

- Las que contengan medios de pago a favor de los obligados, tales como cheques.

- Las dirigidas a las entidades de crédito adheridas al procedimiento para efectuar por medios electrónicos el embargo de dinero en cuentas abiertas en entidades de crédito.

- Las dirigidas a las entidades de crédito que actúen como entidades colaboradoras en la gestión recaudatoria de la AEAT, en el desarrollo del servicio de colaboración.

- Las dirigidas a las entidades de crédito adheridas al procedimiento electrónico para el intercambio de ficheros entre la AEAT y las entidades de crédito, en el ámbito de las obligaciones de información a la Administración tributaria relativas a extractos normalizados de cuentas corrientes.

- Las que deban practicarse con ocasión de la participación por medios electrónicos en procedimientos de enajenación de bienes desarrollados por los órganos de recaudación de la AEAT.

La AEAT **deberá** notificar a los sujetos obligados su inclusión en el sistema de dirección electrónica habilitada.

En los supuestos de alta en el **Censo de Obligados Tributarios** la notificación de la inclusión en el sistema de dirección electrónica habilitada se podrá realizar junto a la correspondiente a la comunicación del número de identificación fiscal que le corresponda.

1.7. Entrada en el domicilio de los obligados tributarios

La entrada en el domicilio de los obligados tributarios y la necesaria autorización judicial

Cuando en los procedimientos de aplicación de los tributos sea necesario entrar en el domicilio constitucionalmente protegido de un obligado tributario o efectuar registros en el mismo, la Administración tributaria deberá obtener el **consentimiento** de aquél o la oportuna **autorización judicial**. Así aparece recogido en el artículo 113 de la LGT.

El mentado artículo establece los requisitos que debe reunir la solicitud de autorización judicial para la ejecución del acuerdo de entrada en el domicilio:

- Debe estar debidamente justificada.
- Debe motivar la finalidad, necesidad y proporcionalidad de la entrada.

La solicitud y la concesión de la autorización judicial podrán practicarse incluso con carácter previo al inicio formal del correspondiente procedimiento, si bien se exige que el acuerdo de entrada contenga:

- La identificación del obligado tributario.
- Los conceptos y períodos que van a ser objeto de comprobación.

> **A TENER EN CUENTA**. El artículo 113 de la LGT ha sido modificado por la Ley 11/2021, de 9 de julio, de medidas de prevención y lucha contra el fraude fiscal, con efectos a partir del 11 de julio de 2021.

El **artículo 18 de nuestra Carta Magna**, reconoce como derecho fundamental la **inviolabilidad del domicilio**, entendido como derecho de no penetración en el domicilio en contra de la voluntad del titular del mismo. Este derecho de la persona se establece para garantizar su ámbito de privacidad, dentro del espacio limitado que la propia persona elige y que tiene que caracterizarse precisamente por quedar exento o inmune a las invasiones o agresiones exteriores, de otras personas o de la autoridad pública.

Pero la inviolabilidad del domicilio es un derecho relativo y limitado en cuanto que la propia Constitución autoriza su restricción en los supuestos y en las condiciones contemplados por la ley. Conforme al artículo 18 de la CE «*El domicilio es inviolable. Ninguna entrada y registro podrá hacerse en él sin consentimiento del titular o resolución judicial, salvo en los casos de flagrante delito*».

Los **artículos 545 y ss. de la Ley de Enjuiciamiento Criminal** establecen los **presupuestos legales para la restricción válida** de este derecho con fines de investigación judicial penal. Por su parte, el **artículo 93.5 de la LOPJ** y el **artículo 8.6 de la LJCA** regulan la entrada administrativa, atribuyendo a los Juzgados/Secciones de lo Contencioso-Administrativo la competencia para autorizar, mediante auto, la entrada en los domicilios y en los restantes edificios o lugares cuyo acceso requiera el consentimiento del titular, cuando ello proceda para la ejecución forzosa de actos de la Administración.

> **A TENER EN CUENTA**. El artículo 8 de la LJCA ha sido modificado en su apartado 6 por la Ley 11/2021, de 9 de julio, de medidas de prevención y lucha contra el fraude fiscal, con entrada en vigor el 11/07/2021 (día siguiente al de la publicación en el BOE de la norma). Se modifica añadiendo un último párrafo que establece lo siguiente:
>
> «Los **Juzgados de lo Contencioso-administrativo conocerán también de las autorizaciones para la entrada en domicilios y otros lugares constitucionalmente pro-**

tegidos, que haya sido **acordada por la Administración Tributaria** en el marco de una actuación o procedimiento de aplicación de los tributos aún con carácter previo a su inicio formal cuando, requiriendo dicho acceso el consentimiento de su titular, este se oponga a ello o exista riesgo de tal oposición».

Además, también hay que recordar que, tras la reforma realizada por la LO 1/2025, de 2 de enero, una vez implantados de forma efectiva los tribunales de instancia (D.T. 1.ª), todas las referencias realizadas a los juzgados unipersonales se entenderán realizadas a las secciones del orden jurisdiccional correspondiente de los tribunales de instancia.

El domicilio inviolable es un espacio en el cual el individuo vive sin estar sujeto necesariamente a los usos y convenciones sociales y ejerce su libertad más íntima. Por ello, a través de este derecho no sólo es objeto de protección el espacio físico en sí mismo considerado, sino lo que en él hay de emanación de la persona y de esfera privada de ella.

El derecho a la inviolabilidad del domicilio **es predicable no sólo de las personas físicas sino también de las personas jurídicas**. Como ha declarado el Tribunal Constitucional «*Ausente de nuestro ordenamiento constitucional un precepto similar al que integra el art. 19.3 Ley Fundamental de Bonn, según el cual los derechos fundamentales rigen también para las personas jurídicas nacionales, en la medida en que, por su naturaleza, les resulten aplicables, lo que ha permitido que la jurisprudencia aplicativa de tal norma entienda que el derecho a la inviolabilidad del domicilio conviene también a las Entidades mercantiles, parece claro que nuestro Texto Constitucional, al establecer el derecho a la inviolabilidad del domicilio, no lo circunscribe a las personas físicas, siendo pues extensivo o predicable igualmente en cuanto a las personas jurídicas, del mismo modo que este Tribunal ha tenido ya ocasión de pronunciarse respecto de otros derechos fundamentales, como pueden ser los fijados en el art. 24 CE, sobre prestación de tutela judicial efectiva, tanto a personas físicas como a jurídicas*». **Sentencia del Tribunal Constitucional n.º 137/1985, de 17 de octubre, ECLI:ES:TC:1985:137.**

CUESTIÓN

¿La autorización de entrada en un domicilio puede incluir la autorización para acceder a la información contenida en dispositivos informáticos?

Sí, siempre que el auto de autorización justifique la necesidad y proporcionalidad de acceder a dicha información; un ejemplo de ello lo vemos en la **STS n.º 1122/2024, de 25 de junio, ECLI:ES:TS:2024:3662**, en la que se señala:

«*El acceso a la información contenida en equipos o repositorios informáticos de datos que se encuentren en un domicilio constitucionalmente protegido o sean accesibles desde este, **requiere que el auto que autoriza la entrada en dicho domicilio razone de manera específica la justificación del acceso a esa información**, con la finalidad de salvaguardar los derechos fundamentales del art 18 de la de la Constitución que pudieran resultar eventualmente afectados.*

A estos efectos, debe ponderarse la necesidad y proporcionalidad del acceso a tales datos, su naturaleza, la afección a la actividad empresarial o profesional de los equipos o servidores que los contengan, así como los derechos de su titular, según sea una persona física o jurídica».

RESOLUCIÓN RELEVANTE

Sentencia del Tribunal Supremo n.º 1604/2005, de 21 de noviembre, ECLI:ES:TS:2005:7798

Asunto: entrada en un local que no constituye domicilio constitucionalmente protegido. Solo es necesaria autorización de delegado o director del departamento.

«Las oficinas de XXXXX constituían un establecimiento abierto al público, salvo un despacho del administrador acusado XXXXX, habitación a la que no se extendió la entrada y registro. Así ha sido probado a través del acta de inspección y de las declaraciones en el juicio del testigo XXXXX, contable de XXXXX, y del testigo-perito Sr. XXXXXX, inspector de Hacienda que llevó a cabo la actuación.

En consecuencia, el acto de entrada y registro no estuvo sometido a lo establecido en los arts. 558 y 566 LECr. o en el inciso último del art. 141 de la Ley General Tributaria (LGT), sino a lo preceptuado en la primera parte de ese art. 141, lo que implica que bastaba la no oposición de la persona dueña o moradora o encargada de la custodia del local, y, en caso de oposición, la autorización del delegado de Hacienda».

Sentencia del Tribunal Constitucional n.º 54/2015, de 16 de marzo, ECLI:ES:TC:2015:54

Asunto: Garantía de información para poder acceder.

«Ahora bien, en todos los casos, el consentimiento eficaz tiene como presupuesto el de la garantía formal de la información expresa y previa, que debe incluir los términos y alcance de la actuación para la que se recaba la autorización injerente. Así, en el ámbito del derecho a la intimidad, hemos apreciado la vulneración de dicha garantía en los casos en que la actuación no se ajusta a los términos y el alcance para el que se otorgó el consentimiento, quebrando la conexión entre la actuación que se realiza y el objetivo tolerado para el que fue recabado el consentimiento (en este sentido, SSTC 110/1984, de 26 de noviembre, FJ 8, y 70/2009, de 23 de marzo, FJ 2).

6. A la hora de determinar los requisitos del consentimiento del titular ex art. 18.2 CE debemos tomar en consideración el contexto en que se produce la intervención injerente (STC 209/2007, 24 de septiembre, FJ 5)

En el caso ahora examinado, se trata de una actuación que infringe el contenido del art. 18.2 CE, como examinaremos a continuación.

(...)

Tal como se ha expresado anteriormente, la entrada en las dependencias de la empresa se hizo sin advertencia de derechos al interesado, por lo que, en el contexto de esa normativa, los funcionarios actuantes no podían considerar que la falta de oposición del obligado tributario fuera suficiente, pues su Reglamento de actuación les obligaba a despejar toda duda mediante la instrucción de derechos al interesado, advirtiéndole de la posibilidad de oponerse a la entrada en el domicilio para llevar a cabo la actuación inspectora.

Junto a ello, también ha de tenerse en cuenta que los actuarios portaban una autorización administrativa para la entrada que no fue necesario exhibir al ser facilitado el acceso por los socios administradores. Este dato es relevante en este caso pues la advertencia de derechos lógicamente debía incluir este dato, esto es, que portaban una autorización administrativa para el caso de negativa u oposición del obligado tributario, lo cual nos sitúa en una hipótesis de información manifiestamente insuficiente para recabar el consentimiento, pues la autorización administrativa en modo alguno habilita la entrada en los espacios físicos que constituyen el domicilio de la persona jurídica objeto de protección constitucional.

> *En consecuencia, apreciamos en este caso una quiebra esencial de la garantía de información para recabar consentimiento del interesado, que de esta forma resulta viciado, de lo que se concluye que no hay un consentimiento eficaz para justificar la intromisión domiciliaria en el supuesto contemplado y ello determina la apreciación de la lesión del art. 18.2 CE por la entrada en el domicilio social del día 21 de junio de 2006».*

1.8. Denuncia pública ante la Administración tributaria

La regulación de la denuncia pública en el procedimiento tributario

La denuncia pública, regulada en el artículo 114 de la LGT, es una declaración de conocimiento por la cual el denunciante, aunque no presente un interés directo en la investigación del hecho, transmite a la Administración tributaria la noticia de un hecho que pudiera ser constitutivo de infracción tributaria o tener trascendencia para la aplicación de los tributos. Adicionalmente, puede contener elementos volitivos —declaración de voluntad— cuando el denunciante, además de poner el hecho en conocimiento de la autoridad, expresa la voluntad de que se persiga la infracción.

El DEJ RAE define la denuncia pública tributaria como «*Modalidad de inicio del procedimiento tributario que deberá tener como contenido hechos o situaciones que puedan ser constitutivos de infracciones tributarias o con trascendencia para la aplicación de los tributos y que supondrá la iniciación de las correspondientes actuaciones cuando existan indicios suficientes de veracidad en los hechos imputados y estos sean desconocidos para la Administración tributaria*».

La denuncia pública es voluntaria, pues, fuera de los casos en los que el hecho pudiera ser constitutivo de delito, la ley no impone al ciudadano la obligación de denunciar el hecho ilícito, y sin perjuicio de los deberes de información y de colaboración que establecen los artículos 93 y 94 de la LGT.

La Administración solo tiene obligación de proceder cuando existan **indicios suficientes de veracidad** de los hechos imputados y sean desconocidos por la Administración. Cuando la denuncia sea infundada o no esté debidamente determinado el hecho procederá su archivo. En otro caso, la Administración incoará el procedimiento que corresponda.

Como mera declaración de conocimiento, la denuncia pública no supone el ejercicio de acción alguna, por lo que el denunciante no adquiere la condición de parte en el procedimiento incoado por denuncia.

|| Procedimiento

Recibida una denuncia, se remitirá al órgano competente para realizar las actuaciones que pudieran proceder.

Este órgano podrá:

- Acordar el archivo de la denuncia en los siguientes supuestos:
  - » Cuando se considere infundada.
  - » Cuando no se concreten o identifiquen suficientemente los hechos o las personas denunciadas.
- Iniciar las actuaciones que procedan si existen indicios suficientes de veracidad en los hechos imputados y éstos son desconocidos para la Administración tributaria. En este caso, la denuncia no formará parte del expediente administrativo.

CUESTIÓN

¿En qué posición queda el denunciante tras haber presentado la misma?

Una vez interpuesta la denuncia se aparta al denunciante del proceso:

- Como ya hemos apuntado, no se le considerará interesado en las actuaciones administrativas que se inicien como consecuencia de la denuncia.
- No se le informará del resultado de las mismas.
- No estará legitimado para la interposición de recursos o reclamaciones en relación con los resultados de dichas actuaciones.

RESOLUCIÓN ADMINISTRATIVA

Consulta vinculante de la Dirección General de Tributos (V0826-22), de 19 de abril de 2022

Asunto: Limitaciones de la denuncia pública.

«(...) la ley no establece que la legitimación para la presentación de la denuncia pública esté limitada a los obligados tributarios.

Cuestión distinta es que, para iniciar un procedimiento de rectificación de autoliquidaciones se ha de haber presentado la misma como obligado tributario. Así, dispone el artículo 120.3 de la LGT:

"Cuando un obligado tributario considere que una autoliquidación ha perjudicado de cualquier modo sus intereses legítimos, podrá instar la rectificación de dicha autoliquidación de acuerdo con el procedimiento que se regule reglamentariamente.".

Es decir, como denunciante, no cabe solicitar la rectificación de una autoliquidación. Cabe solicitar dicha rectificación como obligado tributario que, en dicha condición, ha presentado la misma siempre que considere que se han perjudicado sus intereses legítimos o bien presentar la solicitud bajo las especialidades del artículo 129 del Reglamento General de las actuaciones y los procedimientos de gestión e inspección tributaria y de desarrollo de las normas comunes de los procedimientos de aplicación de los tributos, aprobado por el Real Decreto 1065/2007, de 27 de julio (BOE de 5 de septiembre), siempre que se estuviera bajo dicho amparo, lo que no se deduce de los hechos expuestos.

(...) tal y como se expone en el artículo 114 de la LGT, el órgano competente para realizar las actuaciones será el que determine si se inician o no las mismas, no formando la denuncia parte del expediente administrativo. El denunciante no tiene la consideración de interesado en las actuaciones administrativas que se puedan iniciar ni se le ha de informar sobre las mismas. Asimismo, en base a dicho precepto, a través de la denuncia pública solo se podrán poner en conocimiento de la

Administración tributaria hechos o situaciones que puedan ser constitutivos de infracciones tributarias o tener trascendencia para la aplicación de los tributos, no de carácter estrictamente civil.

*En cuanto a última cuestión referida al régimen sancionador y, en base al artículo 179 de la LGT, **el hecho de interponer una denuncia no es causa per se, en principio, de exoneración de la responsabilidad en la comisión de infracciones tributarias que se hubieran podido cometer**. En su caso, corresponde al órgano competente de la Administración tributaria gestora dirimir esta cuestión en el procedimiento eventualmente procedente».*

1.9. Potestades y funciones de comprobación e investigación de la Administración tributaria

La potestades y funciones de comprobación e investigación de la Administración tributaria: alcance y límites

La comprobación es una actividad administrativa dirigida a la determinación de los hechos relevantes para la liquidación del tributo y, su caso, para la regularización tributaria del obligado.

Todos los órganos de la Administración tributaria, y no sólo la inspección (artículos 141, 142 y 145 de la LGT), sino también los de gestión (artículos 134 y ss. de la LGT), incluso los de recaudación (artículos 162 de la LGT), tienen competencia para las actividades de comprobación e investigación. Aunque sólo cuando la comprobación la realice la Inspección, la resolución que ponga fin al expediente tendrá la consideración de liquidación definitiva (artículo 101 de la LGT). Por el contrario, las actuaciones de comprobación formal de los datos consignados en las declaraciones tributarias, o las de comprobación abreviada, facultan sólo al órgano de gestión para dictar liquidaciones provisionales. Ello es consecuencia de que las facultades de comprobación en el procedimiento de gestión no alcanzan la amplitud de la comprobación e investigación realizada por la Inspección. Así, la comprobación abreviada en procedimiento de gestión, aunque es algo más que una mera verificación de datos para detectar errores en la declaración o autoliquidación presentada por el contribuyente, o la discordancia de los datos declarados con los obrantes en poder de la Administración (artículos 131 a 133 de la LGT), es limitada en cuanto al objeto, sólo se refiere a las declaraciones o autoliquidaciones presentadas o las omitidas cuando obren antecedentes en poder de la Administración; en los medios, pues los órganos de gestión no tienen la facultad de examen de la contabilidad mercantil ni de requerir de terceros información sobre movimientos financieros, y en cuanto al lugar de realización, pues las actuaciones de comprobación limitada se realizarán con carácter general en las oficinas de la Administración tributaria (artículo 136 de la LGT).

En suma, en sede de gestión las actuaciones de comprobación se refieren a datos y antecedentes que obren en poder de la Administración tributaria, sin que supongan una auténtica investigación del hecho, reservada sólo a la Inspección de los Tributos, a la que el artículo 142 de la LGT reconoce amplias facultades de investigación, con posibilidad de examen de la documentación contable y de requerir información de terceros con el solo límite de que tenga relevancia tributaria. Y estas amplias facultades son reconocidas en el artículo 162 de la LGT a los órganos de recaudación ejecutiva con la finalidad de asegurar o efectuar el cobro de la deuda tributaria.

Por tanto, en virtud de lo dispuesto en el artículo 115 de la LGT, podemos afirmar que la Administración tributaria, para verificar el correcto cumplimiento de las normas aplicables, podrá comprobar e investigar los siguientes aspectos:

- Hechos.
- Actos.
- Elementos.
- Actividades.
- Explotaciones.
- Negocios.
- Valores.
- Las demás circunstancias determinantes de la obligación tributaria.

Esta comprobación e investigación podrá realizarse aún en el caso de que afecte a ejercicios o periodos y conceptos tributarios respecto de los que se hubiese producido la prescripción, ampliándose así el ámbito de las comprobaciones e investigaciones a hechos que tuvieron lugar en ejercicios ya prescritos, siempre que sus efectos afecten a ejercicios no prescritos.

En el desarrollo de las funciones de comprobación e investigación a que se refiere este artículo, la Administración tributaria podrá calificar los hechos, actos, actividades, explotaciones y negocios realizados por el obligado tributario con independencia de la previa calificación que éste último hubiera dado a los mismos y del ejercicio o periodo en el que la realizó, resultando de aplicación, en su caso, lo dispuesto en los artículos 13, 15 y 16 de la LGT.

Esta calificación realizada por la Administración tributaria en los procedimientos de comprobación e investigación en aplicación de lo dispuesto en este apartado **extenderá sus efectos respecto de la obligación tributaria objeto de aquellos** y, en su caso, respecto de **aquellas otras respecto de las que no se hubiese producido la prescripción** regulada en el artículo 66.a) de la LGT.

Estas precisiones con respecto a la imprescriptibilidad de las actuaciones de comprobación han sido introducidas por la Ley 34/2015, de 21 de septiembre, en vigor desde el 12 de octubre de 2015, que también introduce un nuevo artículo 66 bis en la LGT que complementa este derecho de la Administración. Hay que recordar que el Tribunal Supremo ya venía aplicando este criterio aunque no con uniformidad, tal y como bien recoge el voto particular de la **STS n.º 382/2025, de 2 de abril, ECLI:ES:TS:2025:1439**, que analiza el conflicto entre la seguridad jurídica que da la prescripción ya ganada, y la imprescriptibilidad regulada en el artículo 115 de la LGT resumiendo la postura de nuestro Alto Tribunal en distintas sentencias.

A TENER EN CUENTA. Los actos de concesión o reconocimiento de beneficios fiscales que estén condicionados al cumplimiento de ciertas condiciones futuras o a la efectiva concurrencia de determinados requisitos no comprobados en el procedimiento en que se dictaron tendrán carácter provisional. La Administración tributaria podrá comprobar en un posterior procedimiento de aplicación de los tributos la concurrencia de tales condiciones o requisitos y, si procede, regularizar la situación tributaria del obligado sin necesidad de proceder a la previa revisión de dichos actos provisionales.

CUESTIÓN

¿Puede la AEAT exigir justificación documental que afecte a ejercicios prescritos?

Sí, tal y como hemos visto, en virtud del artículo 115 de la LGT podría exigirse documentación de ejercicios prescritos, y así lo recoge la **consulta vinculante de la Dirección General de Tributos (V2513-23), de 18 de septiembre de 2023**: «(...) con independencia de la obligación tributaria en concreto respecto a la cual la Administración tributaria solicite la justificación documental, extremo éste que no es manifestado por el consultante, el artículo 115 de la LGT habilita a esa solicitud, incluso aunque dicha justificación documental afecte a ejercicios prescritos, siempre y cuando resulte precisa en relación a una obligación tributaria no prescrita».

RESOLUCIÓN RELEVANTE

Sentencia de la Audiencia Nacional, rec. 1320/2020, de 23 de junio de 2025, ECLI:ES:AN:2025:3174

Asunto: Aplicación de la imprescriptibilidad de las actuaciones de comprobación incluso para actuaciones realizadas antes de la reforma que la reconoce cuando aún iniciado el procedimiento antes de la reforma no se hubiese formalizado propuesta de liquidación.

«*La jurisprudencia ha interpretado esta reforma legal en el sentido de declarar que, tras la entrada en vigor de la Ley 34/2015, se ha recogido por el legislador el* **principio de imprescriptibilidad de las actuaciones de comprobación**, *y ello* **con independencia de la fecha en que se realizó el negocio "calificado"**, *si lo fue bajo la vigencia de la Ley de 1963, como aquí ocurre, o con la vigencia de la LGT de 2003 en la redacción original del artículo 115, pues lo determinante es que el régimen jurídico establecido tras la reforma de la Ley General Tributaria llevada a cabo por la Ley 34/2015 resulte de aplicación, por tratarse de procedimientos de comprobación e investigación ya iniciados a la entrada en vigor de la Ley, en los que a dicha fecha* **no se hubiera formalizado propuesta de liquidación** *(por ejemplo, en sentencia del Tribunal Supremo de 11 de marzo de 2024, rec. 8243/2022, FJ 4.5).*

40. Según la jurisprudencia, tras la reforma de la Ley 34/2015 se han reforzado las potestades administrativas en esta materia, lo que se desprende no solo del tenor del artículo 115 LGT que impulsa la reforma, sino de la introducción del nuevo artículo 66 bis, habiéndose dado reflejo legal al criterio tradicionalmente mantenido por la Administración tributaria, conforme al cual el artículo 66 LGT, que regula el instituto de la prescripción, no impide comprobar ejercicios prescritos que puedan proyectar sus efectos en ejercicios no prescritos (por ejemplo, en sentencia del Tribunal Supremo de 11 de marzo de 2024, rec. 8243/2022, FJ 4.5).

41. En definitiva -concluye el Tribunal Supremo-, **se amplían las facultades de la Administración tributaria, que podrá comprobar e investigar los hechos, actos, elementos, explotaciones, negocios, valores y demás circunstancias que deter-**

minen la obligación tributaria aun cuando éstos afecten a ejercicios o periodos y conceptos tributarios respecto de los que se hubiese producido la prescripción del derecho de la Administración a determinar la deuda tributaria mediante la oportuna liquidación, siempre y cuando hubieran de surtir efectos fiscales en ejercicios o periodos en los que dicha prescripción no se hubiese producido (por ejemplo, en sentencia del Tribunal Supremo de 11 de marzo de 2024, rec. 8243/2022, FJ 4.6).

42. Lo resuelto hasta aquí permite descartar, por una parte, que sea aplicable el art. 115 de la LGT en su redacción original, como sostiene el recurrente.

43. Al resultar aplicable la redacción del art. 115 de la LGT introducida por la Ley 34/2015, conforme a la jurisprudencia expuesta, no hay duda de que la Administración tributaria podía comprobar e investigar los hechos determinante de la obligación tributaria aun cuando éstos afectaran a ejercicios o periodos y conceptos tributarios respecto de los que se hubiese producido la prescripción del derecho de la Administración a determinar la deuda tributaria mediante la oportuna liquidación, siempre y cuando hubieran de surtir efectos fiscales en ejercicios o periodos en los que dicha prescripción no se hubiese producido, como es el caso».

|| El plan de control tributario

El DEJ RAE define el plan de control tributario como el «(...) *Documento elaborado por la Administración tributaria de carácter reservado, sin perjuicio de la publicidad de las directrices generales que lo informan, en el que se determinan anualmente las líneas de actuación de prevención y control del fraude más relevantes*».

Por su parte, el artículo 116 de la LGT dispone que la Administración tributaria elaborará anualmente un plan de control tributario que tendrá carácter reservado, aunque ello no impedirá que se hagan públicos los criterios generales que lo informen.

Por su parte, el artículo 170 del RGAT dispone que cada Administración tributaria integrará en el Plan de control tributario, el plan o los planes parciales de inspección, que se basarán en los siguientes criterios:

• Riesgo fiscal.

• Oportunidad.

• Aleatoriedad.

• Otros criterios que se estimen pertinentes.

Añade también que: «*En el ámbito de las competencias de la Agencia Estatal de Administración Tributaria, el plan o los planes parciales de inspección se elaboraran anualmente basándose en las directrices del Plan de control tributario, en el que se tendrán en cuenta las propuestas de los órganos inspectores territoriales, y se utilizará el oportuno apoyo informático*».

Resulta interesante citar aquí la **sentencia del Tribunal Supremo n.º 1611/2018, de 13 de noviembre, ECLI:ES:TS:2018:3750**, en la que se afirma:

«Habiéndose de destacar que estos Planes permitirán señalar o singularizar grupos colectivos sobre los que la Administración tenga razonables indicios de fraude, e iniciar frente a sus componentes actuaciones de reclamación de información como paso previo para iniciar en su caso actuaciones individualizadas de investigación.

Y siendo de subrayar muy especialmente que, en lo que hace a la motivación de estas reclamaciones colectivas de información, consistirá en explicar o justificar por qué el colectivo de que se trate ha de considerarse incluido en el correspondiente Plan».

2.
PROCEDIMIENTO DE INSPECCIÓN TRIBUTARIA

La inspección tributaria

Conforme establece el artículo 141 de la LGT, la inspección tributaria consiste en el **ejercicio de las funciones administrativas** dirigidas a:

- La **investigación de los supuestos de hecho** de las obligaciones tributarias para el descubrimiento de los que sean ignorados por la Administración.

- La **comprobación de la veracidad y exactitud** de las declaraciones presentadas por los obligados tributarios.

- La realización de actuaciones de **obtención de información** relacionadas con la aplicación de los tributos, de acuerdo con lo establecido en los artículos 93 y 94 de la LGT.

- La **comprobación del valor** de derechos, rentas, productos, bienes, patrimonios, empresas y de demás elementos, cuando sea necesaria para la determinación de las obligaciones tributarias, siendo de aplicación lo dispuesto en los artículos 134 y 135 de la LGT.

- La **comprobación del cumplimiento de los requisitos exigidos** para la obtención de beneficios o incentivos fiscales y devoluciones tributaria, así como para la aplicación de regímenes tributarios especiales.

- La **información a los obligados tributarios** con motivo de las actuaciones inspectoras sobre sus derechos y obligaciones tributarias y la forma en que deben cumplir estas últimas.

- La **práctica de las liquidaciones tributarias** resultantes de sus actuaciones de comprobación e investigación.

- La realización de **actuaciones de comprobación limitada**, conforme a lo establecido en los artículos 136 a 140 de la LGT.

- El **asesoramiento e informe a órganos** de la Administración pública.
- La realización de las **intervenciones tributarias** de carácter permanente o no permanente.
- Las demás que se establezcan en otras disposiciones o se le encomienden por las autoridades competentes.

|| Funciones de la inspección de los tributos

En el ámbito de competencias del Estado, el **ejercicio de las funciones de inspección tributaria** corresponderá:

- A los órganos con funciones inspectoras de la Agencia tributaria en los términos establecidos en la normativa aplicable.
- A los órganos de Dirección General del Catastro que tengan atribuida la inspección catastral de acuerdo con lo establecido en la Ley del Catastro, en la forma que se determine mediante orden del Ministerio de Economía y Hacienda y sin perjuicio de las posibles actuaciones conjuntas que puedan realizarse con las entidades locales.

Los órganos con funciones inspectoras de la Agencia Estatal de Administración Tributaria ejercerán sus funciones respecto de los siguientes tributos:

- Aquellos cuya aplicación corresponda a la Administración tributaria del Estado, así como sobre los recargos establecidos sobre tales tributos a favor de otros entes públicos.
- Los tributos cedidos de acuerdo con lo dispuesto en el apartado 3 del artículo 46 de la Ley 21/2001, de 27 de diciembre, así como en su caso, con lo dispuesto en las leyes reguladoras del régimen de cesión de tributos del Estado y de fijación del alcance y condiciones de dicha cesión a cada comunidad autónoma.
- El Impuesto sobre Actividades económicas de acuerdo con lo dispuesto en la normativa reguladora de las Haciendas Locales.

Las actuaciones inspectoras **podrán realizarse mediante colaboración** entre las distintas Administraciones tributarias, de oficio o a solicitud de la otra Administración. Cuando los órganos de inspección de una Administración tributaria conozcan hechos o circunstancias con transcendencia tributaria para otras Administraciones tributarias, los pondrán en conocimiento de estas y los acompañarán de los elementos probatorios que procedan.

En caso de que las **actuaciones inspectoras tengan que realizarse fuera del territorio** de la Administración que tenga que efectuarla, procederá de la siguiente forma:

- Si se trata de una entidad local, será realizada por los órganos competentes de su comunidad autónoma cuando deban realizarse en el ámbito territorial de esta, y por los órganos de la Administración tributaria del Estado o de la comunidad autónoma competente por razón del territorio en otro caso, previa solicitud del presidente de la corporación local.

- Si la actuación le corresponde a una comunidad autónoma serán realizadas, a solicitud de esta, por los órganos de inspección de la Administración tributaria del Estado o de la comunidad autónoma competente por razón de territorio, en función de las competencias correspondientes.

A TENER EN CUENTA. Los resultados de las actuaciones inspectoras se documentarán en diligencia, a la que podrá acompañarse un informe si se estima conveniente, que se remitirá directamente al órgano competente de la Administración pública correspondiente.

Los órganos de inspección comunicarán a otros órganos de la misma Administración tributaria cuantos datos conozcan con transcendencia para el adecuado desempeño de las funciones que tengan encomendadas. A estos efectos, tendrán en cuenta sus respectivas competencias funcionales o territoriales. Así mismo, los órganos deberán prestar la colaboración necesaria a otros órganos inspectores de la misma Administración tributaria.

Las Administraciones tributarias del Estado y de las comunidades autónomas **podrán realizar actuaciones y procedimientos de inspección coordinados**, cada una en su ámbito de competencias y de forma independiente, en relación con aquellos obligados tributarios que presenten un interés común o complementario para la aplicación de los tributos cuya inspección les corresponda.

Los órganos de las distintas Administraciones tributarias que intervengan en las actuaciones y procedimientos inspectores coordinados podrán realizar actuaciones concretas de modo simultáneo. Estas Administraciones tendrán acceso a toda la información y elementos de prueba obtenidos en las diferentes actuaciones y procedimientos de inspección coordinados en cuanto resulten relevantes para la resolución del procedimiento iniciado, para su ampliación o para el inicio de otros procedimientos de acuerdo con sus respectivas competencias.

La Administración tributaria que se proponga la realización de estas actuaciones o procedimientos dirigirá escrito motivado a la otra Administración con indicación de los obligados tributarios, conceptos y periodos que pretende comprobar y señalará los conceptos y periodos que solicita que se comprueben por la otra Administración. La Administración tributaria destinataria de la propuesta comunicará, en el plazo de 1 mes desde que reciba el escrito, si acepta o no la propuesta.

En la comunicación del inicio de las actuaciones al obligado tributario o del inicio del procedimiento de inspección que se notifique en último lugar, o en ambas si se inician simultáneamente, **se informará al obligado tributario de que se trata de actuaciones coordinadas**.

Las actuaciones y procedimientos inspectores coordinados se finalizarán de forma independiente por cada Administración tributaria. Las resoluciones o, en su caso, las liquidaciones que se practiquen en cada uno de ellos sólo serán recurribles de forma independiente.

Las actuaciones inspectoras se realizarán por los funcionarios y demás personal al servicio de la Administración tributaria que desempeñen los correspondientes puestos de trabajo integrados en los órganos con funciones de inspección tributaria y, en su caso, por los funcionarios y demás personal al servicio de la Administración tributaria que desempeñen puestos de trabajo en órganos con funciones distintas.

Corresponde a cada Administración tributaria determinar en los distintos órganos con funciones inspectoras los puestos de trabajo que tengan a su cargo el desempeño de tales funciones y concretar sus características y atribuciones específicas.

Las actuaciones preparatorias y las de comprobación o prueba de hechos o circunstancias con transcendencia tributaria podrán encomendarse al personal al servicio de la Administración tributaria que no tenga la condición de funcionario.

|| Planes de inspección

El artículo 170 del RGAT señala que la planificación **comprenderá las estrategias y objetivos generales de las actuaciones inspectoras y se concretará en el conjunto de planes y programas** definidos sobre sectores económicos, áreas de actividad, operaciones y supuestos de hecho, relaciones jurídico-tributarias u otros, conforme a los que los órganos de inspección deberán desarrollar su actividad.

Cada Administración tributaria integrará en el Plan de control tributario a que se refiere el artículo 116 de la LGT el plan o planes parciales de inspección, que se basarán en los criterios de riesgo fiscal, oportunidad, aleatoriedad u otros que estimen pertinentes.

En el ámbito de la inspección catastral, corresponderá a la Dirección General de Catastro la aprobación de los planes de inspección, conforme a lo establecido en el texto refundido de la Ley del Catastro Inmobiliario, en las disposiciones dictadas en su desarrollo y en el RGAT.

El plan o los planes parciales de inspección **se elaborarán anualmente** basándose en las directrices del Plan de control tributario, en el que se tendrán en cuenta las propuestas de los órganos inspectores territoriales, y se utilizará el oportuno apoyo informático.

Estos planes recogerán programas de actuación, ámbitos prioritarios y directrices que sirvan para seleccionar a los obligados tributarios sobre los que deban iniciarse actuaciones inspectoras en el año de que se trate. Los planes de inspección que estén en ejecución podrán ser objeto de revisión, de oficio o a propuesta de los órganos territoriales.

La determinación por el órgano competente para liquidar de los obligados tributarios que vayan a ser objeto de comprobación en ejecución del correspondiente plan de inspección tiene el carácter de acto de mero trámite y no será susceptible de recurso o reclamación económico-administrativa. Para la determinación de los obligados tributarios que vayan a ser objeto de comprobación se podrán tener en cuenta las propuestas formuladas por los órganos con funciones en la aplicación de los tributos.

RESOLUCIÓN ADMINISTRATIVA

Resolución del Tribunal Económico Administrativo Central n.º 63/2021, de 22 de abril de 2024

Asunto: efecto de la publicación en el BOE del Plan de actuaciones.

«La publicación en el BOE de los criterios generales del Plan de inspección con posterioridad a la carga en plan del contribuyente no tiene ninguna consecuencia jurídica en las actuaciones inspectoras ni invalida en modo alguno dicha carga. La aprobación y publicación de las directrices generales del Plan de inspección no determina el inicio de la vigencia de dicho Plan, que es un documento de carácter reservado».

2.1. Facultades de la inspección de los tributos

Las facultades de la inspección de tributos

El artículo 142 de la LGT regula las **facultades** reconocidas a los órganos de la inspección para el cumplimiento de sus fines. En esencia, estas facultades consisten en:

- Examen de libros y documentos.
- Inspección de bienes, elementos y explotaciones.

Conforme ha señalado el Tribunal Supremo en varias de sus sentencias, entre ellas la **n.º 1539/2017, de 11 de octubre, ECLI:ES:TS:2017:3550**, el artículo 142 de la LGT «*(...) enuncia indistintamente los medios de que podrán valerse en la actuación inspectora de comprobación e investigación, ambas funciones tienen carácter indagatorio e inquisitivo y a través de ellas la Inspección busca la verdad material y la obtención de pruebas suficientes para la correcta aplicación de la norma tributaria y ha de dirigirse a asentar unos datos y hechos firmes sobre los que liquidar, en consonancia con los que exija la ley del tributo para su aplicación. La intervención inspectora en la aplicación del tributo no se agota en la comprobación e investigación de los hechos, actos, elementos, actividades, explotaciones, valores y demás circunstancias determinantes de la obligación tributaria, para verificar el correcto cumplimiento de las normas (...)*».

Cuando las actuaciones inspectoras lo requieran, los funcionarios que desarrollen funciones de inspección de los tributos podrán entrar, en las condiciones que reglamentariamente se determinen, en las fincas, locales de negocio y demás establecimientos o lugares en que se desarrollen actividades o explotaciones sometidas a gravamen, existan bienes sujetos a tributación, se produzcan hechos imponibles o supuestos de hecho de las obligaciones tributarias o exista alguna prueba de los mismos. Para ello se necesitará un acuerdo de entrada de la autoridad administrativa que reglamentariamente se determine, salvo que el obligado tributario o la persona bajo cuya custodia se encontraren otorguen su consentimiento para ello.

Los funcionarios que desempeñen funciones de inspección **serán considerados agentes de la autoridad** y deberán acreditar su condición, si son requeridos para ello, fuera de las oficinas públicas. Las autoridades públicas prestarán protección y el auxilio necesario a los funcionarios para el ejercicio de las funciones de inspección.

En cuanto a los **obligados tributarios**, éstos **deberán atender a la inspección y le prestarán la debida colaboración en el desarrollo de sus funciones**. Si hubiera sido requerido por la inspección deberá personarse, por sí o por medio de representante, en el lugar, día y hora señalados para la práctica de las actuaciones, y deberá aportar o tener a disposición de la inspección la documentación y demás elementos solicitados. La inspección podrá requerir la comparecencia personal del obligado tributario cuando la naturaleza de las actuaciones así lo exija, ahora bien, esta medida será excepcional y deberá estar motivada.

‖ Examen de la documentación de los obligados tributarios en el procedimiento de inspección tributaria

El artículo 171 del RGAT se encarga de regular el examen de la documentación de los obligados tributarios dentro del procedimiento de inspección tributaria. A este respecto, establece que **se podrán examinar**, entre otros, los siguientes documentos:

- Declaraciones, autoliquidaciones, comunicaciones de datos o solicitudes presentadas por los obligados tributarios relativas a cualquier tributo.

- Contabilidad de los obligados tributarios, que comprenderá tanto los registros y soportes contables como las hojas previas o accesorias que amparen o justifiquen anotaciones contables.

- Libros registro establecidos por las normas tributarias.

- Facturas, justificantes y documentos sustitutivos que deban emitir o conservar los obligados tributarios.

- Documentos, datos, informes, antecedentes y cualquier otro documento con trascendencia tributaria.

La documentación **se podrá analizar directamente** exigiéndose, en su caso, la visualización en pantalla o la impresión en los correspondientes listados de datos archivados en soportes informáticos o de cualquier otra naturaleza. Asimismo, **se podrá obtener copia** en cualquier soporte de los datos, libros o documentos, sin perjuicio del derecho del obligado tributario a no aportar los documentos ya presentados por él mismo y que se encuentren en poder de la Administración actuante, siempre que indique el día y procedimiento en el que los presentó.

Los **obligados tributarios deberán poner a disposición del personal inspector la documentación que le sea requerida**. Si se trata de documentación que no deba hallarse a disposición inmediata de la Administración tributaria, se concederá con carácter general un plazo de 10 días hábiles, contados a partir del siguiente al de la notificación del requerimiento, para cumplir con el deber de colaboración. El plazo concedido para la contestación a las reiteraciones de los requerimientos de información que no deba hallarse a disposición inmediata de la Administración tributaria será con carácter general de 5 días hábiles.

RESOLUCIÓN ADMINISTRATIVA

Resolución del Tribunal Económico Administrativo Central n.º 3068/2020, de 18 de mayo de 2020

Asunto: Plazo mínimo para la aportación de documentación.

«Conforme al artículo 171.3 del Real Decreto1065/2007, cuando el personal inspector requiera al obligado tributario para que aporte datos, informes o antecedentes que no deban hallarse a disposición de dicho personal, se concederá un plazo no inferior a 10 días, contados a partir del siguiente al de la notificación del requerimiento, para cumplir con este deber de colaboración.

Cuando mediante diligencia se solicite la aportación de diferentes documentos, parte de los cuales requieran de preparación y elaboración por parte del obligado y no deban hallarse a disposición de la Inspección, se deberá conceder el referido plazo mínimo de 10 días, sin que, a estos efectos, pueda fragmentarse la diligencia mediante la concesión de distintos plazos en función de la naturaleza de los documentos requeridos, pues éstos se solicitaron de forma conjunta mediante una misma diligencia».

CUESTIÓN

¿Qué sucede si un obligado a relacionarse a través de medios electrónicos aporta documentación directamente al órgano de inspección?

En caso de que alguno de los sujetos obligados a relacionarse a través de medios electrónicos con las Administraciones públicas, aporte documentación directamente al órgano de inspección actuante en el curso de su comparecencia, la documentación podrá ser admitida por dicho órgano con el objeto de lograr la eficacia de la actuación administrativa. En caso de admitirse, el obligado tributario no estará obligado a remitir tales documentos por medios electrónicos.

Entrada y reconocimiento de fincas durante el procedimiento inspector tributario

Los funcionarios y demás personal al servicio de la Administración tributaria que desarrollen actuaciones inspectoras tienen la **facultad de entrada y reconocimiento** de los lugares a que se refiere el apartado 2 del artículo 142 de la LGT, cuando aquellas así lo requieran.

Señala el artículo 172 del RGAT que, en el ámbito de la AEAT, cuando el obligado tributario o la persona bajo cuya custodia se encontraran los mencionados lugares **se opusiera a la entrada** de los funcionarios, se precisará de un **acuerdo de entrada del delegado o del director del departamento** del que dependa el órgano actuante, sin perjuicio de la adopción de las medidas cautelares que procedan.

> **A TENER EN CUENTA**. En el ámbito de la Dirección General de Catastro el acuerdo de entrada le corresponderá al director general.

Si la entrada o reconocimiento **afecta al domicilio constitucionalmente protegido** de un obligado tributario, será **necesario el consentimiento del interesado o autorización judicial**. El acuerdo de entrada incorporado a la solicitud de autorización judicial corresponderá a las autoridades a las que nos hemos referido anteriormente.

En la entrada y reconocimiento judicialmente autorizados, los funcionarios de inspección podrán adoptar las medidas cautelares que estimen necesarias. Una vez haya finalizado, se comunicará al órgano jurisdiccional que las autorizaron las circunstancias, incidencias y resultados.

El apartado 5 del artículo 172 del RGAT establece una presunción, señalando que se considerará que el obligado tributario o la persona bajo cuya custodia se encuentren los lugares de reconocimiento prestan su conformidad a la actuación cuando ejecuten los actos normalmente necesarios que dependan de ellos para que las actuaciones puedan llevarse a cabo.

Si se produjera la **revocación del consentimiento** del obligado tributario para la permanencia en los lugares en los que se estén desarrollando las actuaciones, los funcionarios de inspección, antes de la finalización de estas, podrán adoptar las medidas cautelares reguladas en el artículo 146 de la LGT.

JURISPRUDENCIA

Sentencia del Tribunal Supremo n.º 775/2023, de 12 de junio, ECLI:ES:TS:2023:2730

Asunto: Validez de la prueba obtenida en la entrada y reconocimiento del domicilio antes de la notificación del inicio del procedimiento inspector.

«Por todo ello, cabe apreciar que en el caso que enjuiciamos la admisión y valoración de la prueba que se obtuvo por la Administración tributaria no vulnera la integridad de las garantías del proceso contencioso administrativo, ya que la única conexión jurídica entre el vicio determinante de la lesión del derecho a la inviolabilidad del domicilio y la obtención de la prueba es la valoración que se hace sobre la autorización judicial firme, a la luz de una evolución de la interpretación jurisprudencial acerca de uno de los requisitos para acceder a la solicitud de autorización de entrada. Esta evolución de la interpretación jurisprudencial no afecta a ningún elemento nuclear del juicio de idoneidad, necesidad y proporcionalidad de la autorización de entrada, sino a un requisito de notificación previa al obligado tributario de la iniciación del procedimiento inspector. La existencia de una conexión natural y jurídica entre el acto de lesión del derecho fundamental a la inviolabilidad del domicilio y la obtención de pruebas y evidencias, no deviene por sí misma, en un caso como el que examinamos, en una lesión efectiva del derecho a un proceso con todas las garantías del art. 24.2 CE, por lo que la aplicación ponderada del art. 11.1 LOPJ no ampara la exclusión de las pruebas obtenidas en el acto de entrada y registro autorizado en el auto del Juzgado de lo Contencioso-administrativo. La existencia adicional de otras carencias o defectos en el auto de autorización de entrada podría llevar a otra conclusión, pero no es esto lo que se plantea en el caso que resolvemos. Sobre la relación entre el proceso de autorización judicial de entrada y registro y el proceso en que se enjuicia el asunto de fondo, las consideraciones del anterior fundamento jurídico sexto exponen los criterios rectores que han de ser aplicados».

Obligación por parte de los obligados tributarios de atender a los órganos de inspección

Señala el artículo 173 del RGAT que los obligados tributarios deberán atender a los órganos de inspección y les prestarán la debida colaboración en el desarrollo de sus funciones.

> **A TENER EN CUENTA**. Si estamos ante un grupo que tributa en el régimen de consolidación fiscal, en relación con el IS, o en el régimen especial del grupo de entidades, en relación con el IVA, deberán atender a los órganos de inspección tanto la sociedad representante del grupo como las entidades dependientes.

Cuando el **personal inspector se persona sin previa comunicación** en el lugar donde deban practicarse las actuaciones, el obligado tributario o su representante deberán atenderles si estuvieren presentes. En su defecto, deberá colaborar en las actuaciones cualquiera de las personas encargadas o responsable de tales lugares, sin perjuicio de que en el mismo momento y lugar se pueda requerir la continuación de las actuaciones en el plazo que se señale y adoptar las medidas cautelares que resulten procedentes.

El **obligado tributario o su representante deberán hallarse presentes en las actuaciones inspectoras** cuando a juicio del órgano de inspección sea preciso para la adecuada práctica de aquellas.

El **personal inspector está facultado** para:

- Recabar información de los trabajadores o tomar muestras, así como obtener fotografías, croquis o planos.
- Recabar el dictamen de peritos. A tal fin, en los órganos con funciones de inspección podrá prestar sus servicios el personal facultativo.
- Exigir la exhibición de objetos determinantes de la exacción de un tributo.
- Verificar los sistemas de control interno de la empresa, cuando pueda facilitar la comprobación de la situación tributaria del obligado.
- Verificar y analizar los sistemas y equipos informáticos mediante los que se lleve a cabo, total o parcialmente la gestión de la actividad económica.

2.2. Documentación de las actuaciones inspectoras de tributos

Documentación de las actuaciones de inspección tributaria

Establece el artículo 143 de la LGT que **las actuaciones de la inspección de los tributos se documentarán** en comunicaciones, diligencias, informes y actas. En este ámbito debemos señalar que:

- Las **comunicaciones** son los documentos a través de los cuales la Administración notifica al obligado tributario el inicio del procedimiento u otros hechos o circunstancias relativos al mismo o efectúa los requerimientos que sean necesarios a cualquier persona o entidad.

- Las **diligencias** son documentos públicos que se extienden para hacer constar hechos, así como las manifestaciones del obligado tributario o persona con la que se entiendan las actuaciones. Las diligencias no podrán contener propuestas de liquidaciones tributarias.

- Los **informes** pueden ser emitidos de oficio o a petición de terceros. La Administración tributaria emitirá los que sean preceptivos conforme al ordenamiento jurídico, los que soliciten otros órganos y servicios de las Administraciones públicas o los poderes legislativo y judicial, en los términos previstos por las leyes, y los que resulten necesarios para la aplicación de los tributos.

- Las **actas** son los documentos públicos que extiende la inspección de los tributos con el fin de recoger el resultado de las actuaciones inspectoras de comprobación e investigación, proponiendo la regularización que estime procedente de la situación tributaria del obligado o declarando correcta la misma.

|| Actas de inspección

De conformidad con el artículo 176 del RGAT en las **actas de inspección se consignarán**, además de las menciones contenidas en el artículo 153 del LGT, los siguientes extremos:

- Nombre y apellidos de los funcionarios que las suscriban.

- La fecha de inicio de las actuaciones, el plazo del procedimiento y las circunstancias que afectan a su cómputo de acuerdo con los apartados 3, 4, y 5 del artículo 150 de la LGT.

- La presentación o no de alegaciones por el obligado tributario durante el procedimiento o en el trámite de audiencia y, en el caso de que las hubiera efectuado, la valoración jurídica de las mismas por el funcionario que suscribe el acta. No obstante, cuando se suscriba un acta de disconformidad, la valoración de las alegaciones presentadas podrá incluirse en el informe del actuario o ampliatorio.

- El carácter provisional o definitivo de la liquidación que derive del acta. En el caso de liquidación provisional se harán constar las circunstancias que determinan dicho carácter y los elementos de la obligación tributaria a que se hay extendido la comprobación.

- En el caso de actas con acuerdo deberá hacerse constar además de los establecido en el apartado 2 del artículo 155 de la LGT, la fecha en que el órgano competente ha otorgado la preceptiva autorización y los datos identificativos del depósito o de la garantía constituidos por el obligado tributario.

Cuando el **obligado tributario esté sujeto a obligaciones contables y registrales** en relación con la obligación tributaria y periodo comprobado, deberá hacerse constar en el acta la situación de los libros o registros obligatorios, con expresión, en su caso, de los defectos o anomalías que tengan transcendencia para la resolución del procedimiento o para determinar la existencia o calificación de infracciones tributarias.

En relación con cada obligación tributaria podrá extenderse una única acta respecto de todo el ámbito temporal objeto de la comprobación a fin de que la deuda resultante se determine mediante la suma algebraica de las liquidaciones referidas a los distintos periodos comprobados.

CUESTIÓN

Conforme al artículo 153 de la LGT, ¿qué contenido deben tener las actas que documentan el resultado de las actuaciones inspectoras?

Este artículo establece como contenido mínimo de las actas de documentación del resultado de las actuaciones inspectoras:

– El lugar y fecha de su formalización.

– El nombre y apellidos o razón social completa, el número de identificación fiscal y el domicilio fiscal del obligado tributario, así como el nombre, apellidos y número de identificación fiscal de la persona con la que se entienden las actuaciones y el carácter o representación con que interviene en las mismas.

– Los elementos esenciales del hecho imponible o presupuesto de hecho de la obligación tributaria y de su atribución al obligado tributario, así como los fundamentos de derecho en que se base la regularización.

– En su caso, la regularización de la situación tributaria del obligado y la propuesta de liquidación que proceda.

– La conformidad o disconformidad del obligado tributario con la regularización y con la propuesta de liquidación.

– Los trámites del procedimiento posteriores al acta y, cuando ésta sea con acuerdo o de conformidad, los recursos que procedan contra el acto de liquidación derivado del acta, órgano ante el que hubieran de presentarse y plazo para interponerlos.

– La existencia o inexistencia, en opinión del actuario, de indicios de la comisión de infracciones tributarias.

– Las demás que se establezcan reglamentariamente.

2.3. Objeto del procedimiento de inspección tributaria

Objeto del procedimiento de inspección tributaria

El procedimiento de inspección conforme señala el artículo 145 de la LGT, tiene por objeto comprobar e investigar el adecuado cumplimiento de las obligaciones tributarias y en el mismo se procederá, en su caso, a la regularización de la situación tributaria del obligado mediante la práctica de una o varias liquidaciones. Es preciso diferenciar el procedimiento de inspección del procedimiento sancionador, ya que estos procedimientos tienen objetos distintos tal como recoge la **sentencia del Tribunal Supremo n.° 1246/2025, de 7 de octubre, ECLI:ES:TS:2025:4363**:

«(...) el procedimiento de inspección se regula en sus artículos 145 a 159 LGT, el cual obedece a la finalidad de comprobar e investigar el adecuado cumplimiento de las obligaciones tributarias, con miras a la posible regularización de la situación del contribuyente, mediante la práctica, en su caso, de una o varias liquidaciones.

A diferencia de él, el procedimiento sancionador se regula en los artículos 207 a 2011 de la LGT y su objeto versa sobre la verificación de los hechos relevantes y, en su caso, imposición de sanciones administrativas en materia tributaria».

El artículo 145 de la LGT se compone de tres apartados:

- El primero de ellos, al que ya nos hemos referido, define el objeto del procedimiento de inspección.
- El segundo, concreta el objeto de la «comprobación».
- El tercero, concreta el objeto de la «investigación».

Debemos señalar que el procedimiento de inspección no se limita a revisar datos ya declarados —que sería la función de comprobación—, sino que también puede buscar activamente hechos imponibles ocultos o mal declarados —en la función de investigación—. Este carácter dual del procedimiento justifica las facultades que se le conceden al órgano encargado de la inspección reguladas en el artículo 142 de la LGT.

Asimismo, el control inspector se ejerce sobre el cumplimiento de todas las obligaciones tributarias. No se limita a la obligación principal de pago, sino que incluye también aquellas otras que integran la relación jurídico-tributaria (formales, de facturación, de información, etc..) siempre que tengan relevancia a efectos del tributo. La expresión «adecuado cumplimiento» que emplea el apartado 1 del artículo 145 de la LGT implica que la inspección verifique tanto la corrección cuantitativa como la corrección jurídica.

Esto no supone que la inspección tenga una labor meramente informativa, sino que la misma también tiene una proyección decisoria. El resultado típico del procedimiento inspector es la liquidación por la que se ajusta la situación del contribuyente a la correcta a aplicación de las normas.

2.4. Medidas cautelares en el procedimiento de inspección tributaria

Medidas cautelares en el procedimiento de inspección tributaria

En el procedimiento de inspección se podrán adoptar medidas cautelares debidamente motivadas para **impedir que desaparezcan, se destruyan o alteren las pruebas** determinantes de la existencia o cumplimiento de las obligaciones tributarias o que se niegue posteriormente su existencia o exhibición.

Los responsables de adoptar las medidas cautelares, según establece el artículo 146 de la LGT, serán los **funcionarios que estén desarrollando el pro-**

cedimiento de inspección y deberán ser **ratificadas por el órgano competente para liquidar en el plazo de 15 días** desde su adopción y se levantarán si desaparecen las circunstancias que las motivaron.

Las medidas **podrán consistir**:

- Precinto, esta medida consiste en realizar la ligadura sellada o por cualquier otro medio que permita el cierre o atado de libros, registros, equipos electrónicos, sobres, paquetes, cajones, puertas de estancias o locales u otros elementos de prueba, a fin de que no se abran sin la autorización y control de los órganos de inspección.

- Depósito o incautación de las mercancías o productos sometidos a gravamen.

- Depósito o incautación de los libros, registros, documentos, archivos, locales o equipos electrónicos de tratamiento de datos que puedan contener la información de que se trate.

El depósito consistirá en poner los elementos de prueba bajo la custodia o guarda de la persona física o jurídica que se determine por la Administración. Por su parte, la incautación consistirá en la toma de posesión de elementos de prueba de carácter mueble y se deberán adoptar medidas que fueran precisas para su adecuada conservación. Los objetos que vayan a ser depósitos o incautados podrán ser previamente precintados.

En todo caso, las medidas cautelares serán proporcionadas y limitadas temporalmente a los fines anteriores sin que puedan adoptarse aquellas que puedan producir un perjuicio de difícil o imposible reparación.

La adopción de las medidas cautelares **deberá documentarse mediante diligencia** en la que junto a la medida adoptada y el inventario de los bienes afectados se harán constar sucintamente las circunstancias y la finalidad que determinan su adopción y se informará al obligado tributario de su derecho a formular alegaciones. Dicha diligencia se extenderá en el mismo momento en el que se adopte la medida cautelar, salvo que ello no sea posible por causas no imputables a la Administración, en cuyo caso se extenderá en cuanto desaparezcan las causas que lo impiden, y se remitirá inmediatamente copia al obligado tributario.

Si la medida consiste en el depósito deberá dejarse constancia de la identidad del depositario, de su aceptación expresa y de que ha quedado advertido sobre el deber de conservar a disposición de los órganos de inspección en el mismo estado en que se le entregan los elementos depositados y sobre las responsabilidades civiles o penales en las que pudiera incurrir en caso de incumplimiento.

En el **plazo improrrogable de 5 días**, contados a partir del día siguiente al de la notificación de la medida cautelar, el obligado tributario podrá **formular alegaciones ante el órgano competente para liquidar,** que deberá ratificar, modificar o levantar la medida adoptada mediante acuerdo debidamente motivado en el plazo de 15 días desde su adopción, que deberá comunicarse al obligado. Este acuerdo no podrá ser objeto de recurso o reclamación económico-administrativa, sin perjuicio de que se pueda plantear la procedencia o improcedencia de la adopción de las medidas cautelares en los recursos y reclamaciones que, en su caso puedan interponerse contra la resolución que ponga fin al procedimiento de inspección.

Cuando las medidas cautelares adoptadas se levanten se documentará esta circunstancia en diligencia, que deberá comunicarse al obligado. La apertura de precintos se efectuará en presencia del obligado tributario, salvo que concurra causa debidamente justificada.

RESOLUCIÓN ADMINISTRATIVA

Resolución del Tribunal Económico Administrativo Central n.º 4998/2019, de 17 de noviembre de 2020

Asunto: Adopción de medidas cautelares consistentes en el embargo preventivo de la totalidad de saldos y depósitos en cuentas bancarias y derechos de cobro.

«La adopción de medidas cautelares consistentes en el embargo preventivo de saldos y depósitos en cuentas bancarias y de derechos de cobro puede hacerse respecto de la totalidad de ellos, siempre con el límite del importe de las deudas cuyo cobro se pretende asegurar y sin perjuicio del obligado cumplimiento del resto de los requisitos y condiciones establecidos en el artículo 81 de la Ley 58/2003, de 17 de diciembre, General Tributaria, entre los que se encuentra el de que la medida cautelar no produzca perjuicios de difícil o imposible reparación.

El cumplimiento de la limitación consistente en el importe de las deudas cuyo cobro se pretende asegurar se hace efectivo con la indicación del mismo como máximo a embargar en el correspondiente acuerdo de adopción de las medidas cautelares.

Todo ello sin perjuicio de que si la Administración tributaria constatara, una vez notificadas las diligencias de embargo preventivo de saldos a las entidades bancarias y de créditos a los clientes del deudor y a medida que fuera conociendo las retenciones de saldos y pagos efectuadas por éstos, la existencia de un posible exceso retenido sobre el importe de la deuda, haya de comunicar a quien de entre ellos proceda la liberación de dicho exceso».

2.5. Iniciación del procedimiento de inspección tributaria

Iniciación del procedimiento de inspección tributaria

El artículo 147 de la LGT establece que **el procedimiento de inspección se iniciará**:

- De oficio
- A petición del obligado tributario.

En cualquier caso, los obligados tributarios deben ser informados al inicio de las actuaciones del procedimiento de inspección sobre la naturaleza y alcance de las mismas, así como de sus derechos y obligaciones en el curso de tales actuaciones.

|| Iniciación de oficio

El procedimiento de inspección podrá **iniciarse mediante comunicación notificada al obligado tributario** para que se persone en el lugar, día y hora que se le señale y tenga a disposición de los órganos de inspección o aporte la documentación y demás elementos que se estimen necesarios.

La comunicación de inicio contendrá:

- Lugar y fecha de su expedición.
- Nombre y apellidos o razón social o denominación completa y número de identificación fiscal de la persona o entidad a la que se dirige.
- Lugar al que se dirige.
- Hechos o circunstancias que se comunican o contenido del requerimiento que se realiza mediante la comunicación.
- Órgano que la expide y nombre, apellidos y firma de la persona que la emite.
- Procedimiento que se inicia.
- Objeto del procedimiento con indicación expresa de las obligaciones tributarias o elementos de las mismas y, en su caso, períodos impositivos o de liquidación o ámbito temporal.
- Requerimiento que, en su caso, se formula al obligado tributario y plazo que se concede para su contestación o cumplimiento.
- Efecto interruptivo del plazo legal de prescripción.
- En su caso, la propuesta de resolución o de liquidación.
- En su caso, la indicación de la finalización de otro procedimiento de aplicación de tributos, cuando dicha finalización se derive de la comunicación de inicio del procedimiento que se notifica.

Cuando se estime conveniente para la adecuada práctica de las actuaciones el procedimiento de inspección, de acuerdo con lo previsto en el artículo 172 del RGAT, podrá iniciarse sin previa comunicación mediante personación en la empresa, oficinas, dependencias, instalaciones, centros de trabajo o almacenes del obligado tributario si estuviese presente y, de no estarlo, con los encargados o responsables de tales lugares.

En el ámbito de la iniciación de oficio del procedimiento inspector debemos hacer una referencia a la **denuncia pública** ya que la misma puede ser la motivación de que se inicie el procedimiento por la Administración.

Con relación a la denuncia pública el artículo 114 de la LGT señala que mediante la misma se podrán poner en conocimiento de la Administración tributaria hechos o situaciones que puedan ser constitutivos de infracciones tributarias o tener transcendencia para la aplicación de los tributos. Una vez recibida la denuncia, se remitirá al órgano competente para realizar las actuaciones que pudieran proceder. La Administración en caso de que considere que existen indicios suficientes de veracidad de los hechos imputados podrá iniciar las actuaciones que procedan.

|| Iniciación a petición del obligado tributario

El inicio del procedimiento inspector a petición del obligado tributario se iniciará de acuerdo con el artículo 149 de la LGT. Señala este precepto que todo **obligado tributario** que esté siendo objeto de unas actuaciones inspectoras de carácter parcial **podrá solicitar a la Administración tributaria que las mismas tengan carácter general** respecto al tributo y, en su caso, períodos afectados, sin que tal solución interrumpa las actuaciones en curso.

El obligado tributario deberá formular la solicitud en el **plazo de 15 días** desde la notificación del inicio de las actuaciones inspectoras de carácter parcial.

La Administración tributaria deberá ampliar el alcance de las actuaciones o iniciar la inspección de carácter general en el plazo de 6 meses desde la solicitud. El incumplimiento de este plazo determinará que las actuaciones inspectoras de carácter parcial no interrumpan el plazo de prescripción para comprobar e investigar el mismo tributo y período con carácter general.

Esta solicitud deberá formularse mediante escrito dirigido al órgano competente para liquidar o comunicarse expresamente al actuario, quien deberá recoger esta manifestación en diligencia y dará traslado de la solicitud al órgano competente para liquidar.

Conforme establece el apartado 2 del artículo 88 del RGAT, la solicitud deberá contener, al menos:

- Nombre y apellidos o razón social o denominación completa, número de identificación fiscal del obligado tributario y, en su caso del representante.
- Hechos, razones y petición en que se concrete la solicitud.
- Lugar, fecha y firma del solicitante o acreditación de la autenticidad de su voluntad expresada por cualquier medio válido en derecho.
- Órgano al que se dirige.

Una vez haya recibido la solicitud, el órgano competente para liquidar acordará si la inspección de carácter general se va a realizar como una **ampliación del alcance del procedimiento ya iniciado o mediante el inicio de otro procedimiento**.

La inadmisión de la solicitud por no cumplir los requisitos deberá ser motivada y será notificada al obligado tributario. Contra el acuerdo de inadmisión no podrá interponerse recurso de reposición ni reclamación económico-administrativa, sin perjuicio de que pueda reclamarse contra el acto o actos administrativos que pongan fin al procedimiento de inspección.

Efectos de la iniciación del procedimiento de inspección tributaria

El inicio de un procedimiento de inspección tributaria produce varios efectos relevantes en el ámbito fiscal, alguno de ellos son:

- **Interrupción de la prescripción:** la prescripción del plazo para determinar la deuda tributaria se interrumpe por cualquier acción de la Administración tributaria, realizada con conocimiento formal del obligado tributario, conducente al reconocimiento, regularización, comprobación, inspección, aseguramiento y liquidación de todos o parte de los elementos de la obligación tributaria que proceda, aunque la acción se dirija inicialmente a una obligación tributaria distinta como consecuencia de la incorrecta declaración del obligado tributario [apartado 1.a) del artículo 68 de la LGT].

- **Ingresos como pago a cuenta**: los ingresos efectuados por el obligado tributario con posterioridad al inicio de las actuaciones o procedimientos, en relación con las obligaciones tributarias y períodos objeto del procedimiento, tendrán carácter de ingresos a cuenta sobre el importe de la liquidación que, en su caso, se practique, sin que esta circunstancia impida la apreciación de las infracciones tributarias que puedan corresponder. En este caso, no se devengarán intereses de demora sobre la cantidad ingresada desde el día siguiente a aquel en que se realizó el ingreso (segundo párrafo del apartado 5 del artículo 87 del RGAT).

2.5.1. Alcance de las actuaciones del procedimiento de inspección tributaria

Alcance de las actuaciones del procedimiento de inspección tributaria

De conformidad con el artículo 148 de la LGT las actuaciones del procedimiento de inspección podrán tener **carácter general o parcial**. Se entiende que las actuaciones tienen carácter parcial cuando no afecten a la totalidad de los elementos de la obligación tributaria en el período objeto de la comprobación y en todos aquellos supuestos que se señalen reglamentariamente. En otro caso, las actuaciones del procedimiento de inspección tendrán carácter general en relación con la obligación tributaria y período comprobado.

Si las actuaciones del procedimiento de inspección hubieran **terminado con una liquidación provisional**, el objeto de las mismas **no podrá regularizarse nuevamente en un procedimiento de inspección que se inicie con posterioridad** salvo que:

- Alguno de los elementos de la obligación tributaria se determine en función de los correspondientes a otras obligaciones que no hubieran sido comprobadas.
- Hubieran sido regularizadas mediante liquidación provisional o liquidación definitiva que no fuera firme.
- Existan elementos de la obligación tributaria cuya comprobación con carácter definitivo no hubiera sido posible durante el procedimiento.

> **A TENER EN CUENTA**. La excepción se entiende exclusivamente en relación con los elementos de la obligación tributaria afectados por dichas circunstancias.

Como ya hemos señalado al inicio, las actuaciones del procedimiento de inspección tendrán carácter general, salvo que se indique otra cosa en la comunicación de inicio del procedimiento inspector o en el acuerdo a que se refiere el apartado 5 del artículo 178 del RGAT.

En cualquier caso, debemos señalar que **las actuaciones tendrán carácter parcial** en los siguientes supuestos:

- Cuando las actuaciones inspectoras no afecten a la totalidad de los elementos de la obligación tributaria en el periodo objeto de comprobación.

- Cuando las actuaciones se refieran al cumplimiento de los requisitos exigidos para la obtención de beneficios o incentivos fiscales, así como cuando las actuaciones tengan por objeto la comprobación del régimen tributario aplicable.

- Cuando tengan por objeto la comprobación de una solicitud de devolución siempre que se limite exclusivamente a constatar que el contenido de la declaración, autoliquidación o solicitud presentada se ajusta formalmente a lo anotado en la contabilidad, registros y justificantes contables o extracontables del obligado tributario, sin perjuicio de la posterior comprobación completa de su situación tributaria.

La extensión y el alcance general o parcial de las actuaciones **deberán hacerse constar al inicio de estas mediante la correspondiente comunicación**. Cuando el procedimiento de inspección se extienda a distintas obligaciones tributarias o periodos, deberá determinarse el alcance general o parcial de las actuaciones en relación con cada obligación y periodo comprobado. En caso de actuaciones de alcance parcial deberán comunicarse los elementos que vayan a ser comprobados o los excluidos de ellas.

El órgano competente podrá **modificar la extensión del procedimiento** cuando se pongan de manifiesto razones que lo aconsejen, Así, de conformidad con el apartado 5 del artículo 178 del RGAT, el órgano competente podrá acordar de forma motivada:

- La modificación de la extensión de las actuaciones para incluir obligaciones tributarias o periodos no comprendidos en la comunicación de inicio o excluir alguna obligación tributaria o periodo de lo señalados en dicha comunicación.

- La ampliación o reducción del alcance de las actuaciones que se estuvieran desarrollando respecto de las obligaciones tributarias y periodos inicialmente señalados. Asimismo, se podrá acordar la inclusión o exclusión de elementos de la obligación tributaria que esté siendo objeto de comprobación en una actuación de alcance parcial.

CUESTIÓN

Los datos que se obtienen en el procedimiento inspector, ¿pueden emplearse para la regularización de los ejercicios a los que posteriormente se amplíe el alcance o extensión del procedimiento?

Sí, tal como ha señalado el Tribunal Económico Administrativo Central en la resolución n.º 263/2025, de 20 de octubre de 2025, al diponer: «Los datos, informes, documentos y antecedentes con trascendencia tributaria obtenidos lícitamente por la Administración tributaria en el curso de un procedimiento inspector pueden ser utilizados por el órgano que haya realizado las actuaciones para la regularización, en su caso, de los ejercicios a los que posteriormente se amplíe el alcance o extensión del procedimiento».

JURISPRUDENCIA

Sentencia del Tribunal Supremo, rec. 4336/2012, de 22 de septiembre, ECLI:ES:TS:2014:3603

Asunto: imposibilidad de un nuevo proceso cuando se haya dictado liquidación provisional.

«Es designio, pues, del legislador que lo comprobado (o inspeccionado) limitadamente, y que ha dado lugar a una liquidación provisional, no pueda ser objeto de nueva regularización [para las inspecciones limitadas o parciales y sus liquidaciones provisionales, véanse los artículos 141.h) y 148], con la excepción expresada de que se obtengan nuevos hechos en actuaciones distintas de las que fueron objeto de la comprobación limitada. Este concepto, el de "actuaciones distintas", sólo puede ser integrado atendiendo a la propia disciplina del procedimiento de comprobación limitada, en el que se trata de comprobar hechos y elementos de la obligación tributaria mediante, en lo que ahora interesa, el examen de los datos proporcionados por los obligados tributarios y de los que se encuentran en poder de la Administración. Es decir, el objeto son «los hechos, actos, elementos, actividades, explotaciones y demás circunstancias determinantes de la obligación tributaria» y el medio es el «examen de los datos» consignados por los obligados o a disposición de la Administración. Siendo así, lleva toda la razón la Sala de instancia cuando, en el segundo fundamento jurídico de su sentencia (antepenúltimo párrafo), afirma que el ámbito de la comprobación limitada se ha de predicar del "concepto impositivo" que determina la práctica de una "liquidación provisional".

Y, en efecto, como los propias jueces a quo subrayan, haría padecer la seguridad jurídica proclamada por nuestra Constitución al más alto nivel (artículo 9.3) que, realizada una comprobación limitada de un determinado elemento de la obligación tributaria (v.gr.: la deducción por reinversión de beneficios extraordinarios), pese a tener a su disposición todos los datos precisos (por haberlos suministrado el obligado o por contar ya con ellos), la Administración se concentre a su albur sólo en alguno de ellos, aprobando la oportuna liquidación provisional, para más adelante regularizar y liquidar de nuevo atendiendo al mismo elemento de la obligación tributaria, pero analizando datos a los que no atendió cuando debía, pese a poder hacerlo por disponer ya de ellos.

Carece de relevancia a estos efectos el alegato del abogado del Estado que pone el acento en el hecho de que la comprobación limitada realizada inicialmente en relación con los ejercicios 2003 y 2004 fue llevada a cabo por los órganos de gestión, mientras que la actuación posterior, de la que derivaron los actos anulados por la sentencia recurrida, se practicó por la Inspección de los Tributos, pues, por definición, la comprobación limitada es un procedimiento desarrollado por y ante los órganos de gestión mientras que el de inspección es competencia propia de aquélla, sin que el artículo 140.1, al impedir una posterior regularización, discrimine entre los órganos de gestión y de inspección, refiriéndose sin más a la Administración tributaria».

RESOLUCIÓN ADMINISTRATIVA

Resolución del Tribunal Económico Administrativo Central n.º 3799/2018, de 22 de septiembre de 2021

Asunto: Obligación de adecuación del alcance de las actuaciones a la comprobación efectivamente realizada.

«El incumplimiento de la obligación de adecuación del alcance de las actuaciones a la comprobación efectivamente realizada constituye un defecto invalidante.

La doctrina de este Tribunal Económico-Administrativo Central recogida, entre otras, en las resoluciones de 15 de diciembre de 2015, RG 3063/2013, y de 12 de diciembre de 2013, RG 4030/2011, referidas a la extralimitación de las actuaciones de comprobación limitada realizadas respecto al alcance inicialmente definido, y en las de 18 de febrero de 2021, RG 1984/2018, y de 22/07/2020, RG 01943/2017, respecto al procedimiento de inspección, consideraba que este defecto suponía la anulación de las liquidaciones y la retroacción de las actuaciones para que se dictara acuerdo en el que de forma motivada se ampliase el alcance de las actuaciones y se notificase debidamente dicho acuerdo al obligado tributario.

No obstante, la evolución de la doctrina del Tribunal Supremo sobre la retroacción de actuaciones, y el contenido de su Sentencia de 4 de marzo de 2021 (rec. núm. 3906/2019) obliga a reconsiderar la doctrina reiterada de este Tribunal sobre la subsanación de estos defectos mediante la retroacción; de forma que, configurándose la delimitación del alcance del procedimiento de comprobación como un elemento sustantivo, y siendo por ello la infracción del objeto del procedimiento un defecto que trasciende lo formal o procedimental, no cabe su restauración a través de la retroacción de actuaciones.

CAMBIO DE CRITERIO

Criterio reiterado en RG 00/06608/2019 (22-03-2022).

NOTA: CRITERIO MODIFICADO PARCIALMENTE.

El TEAC ha cambiado de criterio y ha considerado que aunque el defecto invalidante no afecte a toda la liquidación, a la vista de la STS de 3 de mayo de 2022, procede la anulación total de la liquidación en la que se aprecie dicho defecto: Resoluciones de 24 de octubre de 2023 (RG 2581/2021) y de 25 de septiembre de 2023 (RG: 00-02511-2023).

Por ello, sigue constituyendo doctrina vinculante el criterio sobre la improcedencia de la retroacción mantenido en las resoluciones de fecha 22 de septiembre de 2021 (RG 3799/2018) y de 22 de marzo de 2022 (RG 6608/2019), pero no el criterio aplicado en estas resoluciones que consideraba que el defecto invalidante de la extralimitación del alcance no afectaba a aquella parte de la liquidación que se adecuaba al alcance inicialmente comunicado o debidamente ampliado, de forma que únicamente se anulaba la liquidación en la parte de la misma que correspondía a regularizaciones que excedían de ese inicial alcance comunicado o debidamente ampliado».

2.5.2. Plazo de las actuaciones inspectoras tributarias

Plazos de las actuaciones inspectoras en el ámbito tributario

El artículo 150 de la LGT establece que las **actuaciones del procedimiento de inspección deberán concluir en el plazo de**:

- 18 meses, con carácter general.
- 27 meses, cuando concurra alguna de las siguientes circunstancias en cualquiera de las obligaciones tributarias o periodos objeto de comprobación:
  - » Que la cifra anual de negocios del obligado tributario sea igual o superior al requerido para auditar sus cuentas.

» Que el obligado tributario esté integrado en un grupo sometido al régimen de consolidación fiscal o al régimen especial de grupo de entidades que esté siendo objeto de comprobación inspectora.

» Que el objeto del procedimiento sea la comprobación o investigación del Impuesto Complementario. Esta circunstancia fue incorporada al artículo 150.1.b) de la LGT por la Ley 7/2024, de 20 de diciembre, con efectos para los períodos impositivos iniciados a partir del 31 de diciembre de 2023.

Cuando se realicen actuaciones inspectoras con diversas personas o entidades vinculadas de acuerdo con lo establecido en el artículo 18 de la LIS, la concurrencia de las circunstancias previstas en estos tres últimos puntos en cualquiera de ellos determinará la aplicación de este plazo a los procedimientos de inspección seguidos con todos ellos.

> **A TENER EN CUENTA**. El plazo de duración del procedimiento podrá extenderse en los términos establecidos en los apartados 4 y 5 del artículo 150 de la LGT.

El cómputo del plazo comenzará en la fecha en que se notifique al obligado tributario el inicio del procedimiento y se entiende que finaliza cuando se notifique o se entienda notificado el acto administrativo que resulte del mismo. A efectos de entender cumplida la obligación de notificar y de computar el plazo de resolución será suficiente acreditar que se ha realizado un intento de notificación que contenga el texto íntegro de la resolución.

En la comunicación de inicio del procedimiento inspector se informará al obligado tributario del plazo que le resulte aplicable. En el caso de que las circunstancias que den lugar a que las actuaciones deban concluir en 27 meses se aprecien durante el desarrollo de las actuaciones inspectoras, se aplicará este plazo computándolo desde la notificación de la comunicación de inicio, lo que se pondrá en conocimiento del obligado tributario.

El plazo que se aplique al procedimiento inspector será único, esto supone que se aplicará el mismo plazo a todas las obligaciones tributarias y periodos que sean objeto del proceso, aunque las circunstancias que hayan determinado el plazo sólo afecten a algunas de las obligaciones o periodos incluidos en el mismo, a excepción del supuesto de desagregación.

> **A TENER EN CUENTA**. A efectos del cómputo del plazo del procedimiento inspector no será de aplicación lo dispuesto en el apartado 2 del artículo 104 de esta LGT respecto de los periodos de interrupción justificada ni de las dilaciones en el procedimiento por causa no imputable a la Administración.

El apartado 5 del artículo 150 de la LGT establece que la aportación posterior de información o documentación, cuando el obligado tributario había manifestado que no la tenía o no la hubiese aportado íntegramente en el plazo concedido en el tercer requerimiento, determinará la extensión del plazo máximo de duración del procedimiento inspector por un período de 3 meses, siempre que dicha aportación se produzca transcurrido al menos 9 meses desde su inicio. No obstante, la extensión será de 6 meses cuando la aportación se efectúe tras la formalización del acta y determine que el órgano competente para liquidar acuerde la práctica de actuaciones complementarias.

Asimismo, el plazo máximo de duración del procedimiento inspector se extenderá por un periodo de 6 meses cuando tras dejar constancia de la apreciación de las circunstancias determinantes de la aplicación del método de estimación indirecta, se aporten datos, documentos o pruebas relacionados con dichas circunstancias.

RESOLUCIÓN RELEVANTE

Sentencia del Tribunal Supremo n.° 935/2020, de 7 de julio, ECLI:ES:TS:2020:2222

Asunto: fijación de criterio sobre la duración de los procedimientos de inspección tributaria cuando haya entrada autorizada a domicilio.

Fija como doctrina que en los supuestos en los que la Administración tributaria solicita autorización judicial para la entrada en domicilio y, con ocasión de los datos obtenidos en dicha entrada, inicia después un procedimiento inspector, las actuaciones realizadas con carácter previo al inicio de ese procedimiento de inspección tributaria, que se produce mediante su comunicación formal al obligado tributario, no pueden considerase actuaciones inspectoras a efectos del cómputo del plazo de duración máxima regulado en el artículo 150 de la Ley 58/2003, de 17 de diciembre, General Tributaria.

«La doctrina de interés casacional que debe ser fijada, como consecuencia de lo anteriormente razonado, es que en un caso como el examinado, los requerimientos de obtención de información dirigidos a los obligados tributarios y relativos al cumplimiento de sus propias obligaciones tributarias no supone el inicio de un procedimiento inspector, aunque se tenga en cuenta el resultado del requerimiento de información para acordar el posterior procedimiento de investigación o comprobación, ya que se está, por regla general, en presencia de actuaciones distintas y separadas. En consecuencia, los plazos de duración del procedimiento inspector operan de modo autónomo e independiente de la fecha en que se hubiera cursado el requerimiento de información". No está de más recordar lo dicho en la sentencia de 22 de abril de 2019, sobre la relevancia de la carga del Plan de Inspección en el momento de inicio de las actuaciones inspectoras, "Finalmente, todo lo argumentado sobre la relación entre los requerimientos de información y los eventuales procedimientos de investigación que posteriormente se sigan en modo alguno se desvirtúa por el alegato del recurrente relativo a que el objeto del requerimiento de información coincidía con una orden de carga en plan de inspección».

RESOLUCIÓN ADMINISTRATIVA

Resolución del Tribunal Económico Administrativo Central n.° 667/2020, de 29 de marzo de 2022

Asunto: Interrupción justificada de actuaciones inspectoras por los intentos de notificación.

«A efectos del cómputo de interrupción justificada de las actuaciones inspectoras, hay que considerar que los intentos de notificación constituyen una actuación que reúne los requisitos para detener el plazo injustificado de paralización de procedimiento de inspección toda vez que se trata de intentos válidos que constan debidamente acreditados en el expediente y que están directamente encaminados a avanzar en el procedimiento iniciado –precisamente pretenden poner fin al mismo, comunicando al obligado tributario su acto final».

Supuestos de suspensión del cómputo de plazos en las actuaciones inspectoras tributarias

El cómputo del plazo del procedimiento inspector se suspenderá desde el momento en que concurra alguna de las siguientes circunstancias:

- La remisión del expediente al **Ministerio Fiscal** o a la **jurisdicción competente** sin practicar la liquidación de acuerdo con lo señalado en el artículo 251 de la LGT.

- La recepción de una **comunicación de un órgano jurisdiccional en la que se ordene la suspensión o paralización** respecto de determinadas obligaciones tributarias o elementos de las mismas de un procedimiento inspector en curso.

- El planteamiento por la Administración Tributaria que esté desarrollando el procedimiento de inspección de un conflicto ante las Juntas Arbitrales previstas en la normativa foral de Convenio y Concierto Económico.

- La notificación al interesado de la remisión del expediente de **conflicto en la aplicación de la norma** tributaria a la Comisión consultiva.

- El intento de notificación al obligado tributario de la propuesta de resolución o de liquidación o del acuerdo por el que se ordena completar actuaciones.

- La comunicación a las Administraciones afectadas de los elementos de hecho y los fundamentos de derecho de la regularización en los supuestos a los que se refiere el artículo 47 ter del Concierto Económico con la Comunidad Autónoma del País Vasco, aprobado por la Ley 12/2002, de 23 de mayo, y aquellos supuestos de carácter análogo establecidos en el Convenio Económico entre el Estado y la Comunidad Foral de Navarra, aprobado por la Ley 28/1990, de 26 de diciembre.

- La concurrencia de una causa de fuerza mayor que obligue a suspender las actuaciones.

Durante la suspensión la inspección no podrá realizar ninguna actuación en relación con el procedimiento, sin perjuicio de que las solicitudes previamente efectuadas al obligado tributario o a tercero deban ser contestadas. Se excepciona de esta prohibición el intento de notificación al obligado tributario de la propuesta de resolución o de liquidación o del acuerdo ordenando completar el expediente mediante la realización de las actuaciones que procedan.

No obstante, si la Administración tributaria aprecia que algún periodo, obligación tributaria o elemento de esta no se encuentran afectados por las causas de suspensión, continuará el procedimiento inspector respecto de los mismos, pudiendo, en su caso, practicarse por ellos la correspondiente liquidación.

A TENER EN CUENTA. A los solos efectos del cómputo del periodo máximo de duración, desde el momento en el que concurre la circunstancia de la suspensión, se desagregarán los plazos distinguiendo entre la parte del procedimiento que continúa y la que queda suspendida. A partir de la desagregación, cada parte del procedimiento se regirá por sus propios motivos de suspensión y extensión del plazo.

La suspensión del cómputo del plazo tendrá efectos desde que concurran las circunstancias, lo que se comunicará al obligado tributario a efectos informativos, salvo que con esta comunicación pudiera perjudicarse la realización de investigaciones judiciales. En esta comunicación, se detallarán los periodos, obligaciones tributarias o elementos de estas que se encuentran suspendidos y aquellos otros respecto de los que se continúa el procedimiento por no verse afectados por dichas causas de suspensión.

La **suspensión finalizará:**

- Cuando tenga entrada en el registro de la correspondiente Administración tributaria el documento del que se derive que ha cesado la causa de suspensión.

- Se consiga efectuar la notificación.

- Se constate la desaparición de las circunstancias determinantes de la fuerza mayor.

No obstante, en el caso de conflicto en aplicación de la norma el plazo de suspensión no podrá exceder del plazo máximo de tres meses para la emisión del informe establecido en el apartado 4 del artículo 159 de la LGT. Una vez finalizada la suspensión, el procedimiento continuará por el plazo que reste.

En el caso de suspensión causada por la comunicación a las Administraciones afectadas de los elementos de hecho y fundamentos de derecho de la regulación en los supuestos del artículo 47 ter del Concierto Económico con la Comunidad Autónoma del País Vasco y supuestos análogos establecidos en el Convenio Económico entre el Estado y la Comunidad Foral de Navarra, esta finalizará:

- Cuando transcurra el plazo previsto en el párrafo segundo del apartado tres del artículo 47 ter del Concierto Económico con la Comunidad Autónoma del País Vasco —2 meses— sin que se hubiesen formulado observaciones por las Administraciones afectadas.

- Cuando se hubiese llegado a un acuerdo sobre las observaciones planteadas en el seno de la Comisión de Coordinación y Evaluación Normativa.

- Cuando se puedan continuar las actuaciones de acuerdo con lo previsto en el apartado cuatro del artículo 47 ter del Concierto Económico con la Comunidad Autónoma del País Vasco.

> **A TENER EN CUENTA**. Las referencias al artículo 47 ter del Concierto Económico con la Comunidad Autónoma del País Vasco, deberán entenderse también realizadas al artículo equivalente del Convenio Económico entre el Estado y la Comunidad Foral de Navarra.

Una vez finalizada la suspensión el procedimiento continuará por el plazo que reste.

|| Suspensión a solicitud del obligado tributario

Establece el apartado 4 del artículo 150 de la LGT que el obligado tributario podrá solicitar antes de la apertura del trámite de audiencia, uno o varios periodos en los que la inspección no podrá efectuar actuaciones con el obligado tributario y quedará suspendido el plazo para atender los requerimientos efectuados al mismo. Estos períodos no podrán exceder en su conjunto de 60 días naturales para todo el procedimiento y supondrán una extensión del plazo máximo de duración del mismo.

En desarrollo de este precepto el artículo 184 del RGAT señala que para que pueda otorgarse la solicitud formulada serán necesarios los siguientes requisitos:

• Se solicite directamente al órgano actuante con anterioridad a los 7 días naturales previstos al inicio del periodo al que se refiera la solicitud.

• Se justifique la concurrencia de circunstancias que lo aconsejen.

• Se aprecie que la concesión de la solicitud no puede perjudicar el desarrollo de las actuaciones.

Si no se cumplieren estos requisitos el órgano actuante podrá denegar la solicitud. Por el contrario, si éstos se cumplen se entenderá automáticamente concedida por el periodo solicitado, hasta el límite de los 60 días máximos, con su presentación en plazo, salvo que se notifique de forma expresa la denegación antes de que se inicie el periodo solicitado. Por otra parte, se entenderá automáticamente denegada la solicitud de un periodo inferior a 7 días.

Si la concesión del plazo se hiciese por medio de notificación expresa con anterioridad al inicio del periodo solicitado, podrá establecer un plazo distinto al que hubiese solicitado el obligado tributario.

La realización de actuaciones con conocimiento formal del obligado tributario con posterioridad a la finalización del plazo máximo de duración del procedimiento tendrá efectos interruptivos de la prescripción respecto de la totalidad de las obligaciones tributarias y periodos a los que se refiera el procedimiento. Si la superación del plazo máximo se constata durante el procedimiento de inspección, esta circunstancia se le comunicará formalmente al obligado tributario indicándole las obligaciones y periodos por los que se continúa el procedimiento.

Incumplimiento del plazo de duración del procedimiento inspector tributario

El incumplimiento del plazo de duración del procedimiento **no determinará la caducidad** del procedimiento, que continuará hasta su terminación, pero producirá los siguientes efectos respecto a las obligaciones tributarias pendientes de liquidar:

• **No se considerará interrumpida la prescripción** como consecuencia de las actuaciones inspectoras desarrolladas durante los plazos de las actuaciones del procedimiento —18 meses o 27 meses, en su caso—. Una vez finalizados estos plazos la prescripción se entenderá interrumpida como consecuencia de las actuaciones inspectoras realizadas con posterioridad, teniendo derecho el obligado tributario a ser informado sobre los conceptos y períodos a que alcanzan las actuaciones que vayan a realizarse.

- Los ingresos realizados desde el inicio del procedimiento hasta la primera actuación practicada con posterioridad al incumplimiento del plazo de duración del procedimiento y que hayan sido imputados por el obligado tributario al tributo y período objeto de las actuaciones inspectoras tendrán el carácter de extemporáneos a los efectos del artículo 27 de la LGT, el cual regula los recargos por declaración extemporánea sin requerimiento previo.
- **No se exigirán intereses de demora** desde que se produzca dicho incumplimiento hasta la finalización del procedimiento.

|| Retroacción de actividades inspectoras

Cuando una resolución judicial o económico-administrativa aprecie defectos formales y ordene la retroacción de las actuaciones inspectoras, éstas deberán finalizar en el período que reste desde el momento al que se retrotraigan las actuaciones hasta la conclusión del plazo previsto de 18 o 27 meses; o bien en seis meses, si este plazo fuera superior. El citado plazo se computará desde la recepción del expediente por el órgano competente para ejecutar la resolución.

Se exigirán **intereses de demora** por la nueva liquidación que ponga fin al procedimiento. La fecha de inicio del cómputo del interés de demora será la misma que, hubiera correspondido a la liquidación anulada y el interés se devengará hasta el momento en que se haya dictado la nueva liquidación.

> **JURISPRUDENCIA**
>
> **Sentencia del Tribunal Supremo n.º 1390/2023, de 3 de noviembre, ECLI:ES:TS:2023:4724**
>
> **Asunto: Cómputo del plazo de tramitación del procedimiento retrotraído.**
>
> «"1.- Anulada en la vía económico-administrativa una comprobación de valores por falta de motivación y, por ende, la liquidación derivada de la misma, ordenando retrotraer las actuaciones para que se practique nueva comprobación y se apruebe otra liquidación, las nuevas actuaciones realizadas en el procedimiento retrotraído y la resolución que se dicte quedan sometidas a la disciplina del artículo 104.1 LGT, sin que se rijan por el antiguo artículo 150.5 LGT (actual artículo 150.7 LGT).
>
> 2.- La Administración tributaria debe tramitar el procedimiento retrotraído y notificar una resolución al interesado en el plazo que reste desde que se realizó la actuación procedimental causante de la indefensión del interesado, que determinó la anulación del acto administrativo que puso fin al procedimiento (como puede ser la valoración inmotivada). Dicho plazo empieza a contarse desde el día siguiente a aquel en que se comunica la resolución anulatoria con retroacción de actuaciones al órgano competente para llevarla a puro y debido efecto.
>
> 3.- A los efectos de computar el plazo agotado en el procedimiento de gestión y determinar el plazo restante de que dispone la Administración tributaria para ejecutar las actuaciones conducentes para dictar una nueva liquidación, se rechaza que se deba tener en cuenta la fecha de la primera liquidación anulada, sino que, para conocer el tiempo consumido, la fecha a tener en consideración es aquella en que se notificó a los contribuyentes la propuesta de valoración.
>
> 4.- Teniendo en consideración las circunstancias concurrentes en el presente caso, resulta contrario al principio de buena administración y vulnera el derecho de

todo obligado tributario aque las actuaciones de comprobación o inspección "se desarrollen en los plazos previstos en esta ley" (art 34.1.ñ LGT), el desfase temporal entre la notificación del acuerdo del órgano económico-administrativo al interesado (11 de abril de 2019) y a la Administración tributaria autonómica (13 de junio de 2019), en particular, por la ausencia de justificación plausible y ante la posibilidad de que la Administración tributaria autonómica pudiera haber obtenido la ventaja de "avanzar" la propia valoración que comportaba el acuerdo de "reinicio", al incorporar éste ya las nuevas propuestas de liquidación."».

RESOLUCIONES ADMINISTRATIVAS

Resolución del Tribunal Económico Administrativo Central n.° 3377/2023, de 24 de septiembre de 2024

Asunto: Momento de la retroacción ordenada.

«La retroacción debe realizarse al momento en que tuvo lugar la actuación procedimental causante de la indefensión del interesado, que es lo que determinó la anulación del acto administrativo, y que en este caso no fue otra que la valoración inmotivada. Y, por ser más concretos, debe estarse al primer momento en que el contribuyente, interesado en el procedimiento inspector del que resultó la liquidación del IS que se anula por ese motivo, tuvo fehaciente conocimiento de esa valoración defectuosa, al ser ese el momento a partir del cual el interesado pudo presentar las alegaciones que estimara pertinentes en defensa de sus intereses.

Se reitera criterio de Resolución TEAC de 24-06-2024 (RG 8196/2023) y de 24-09-2024 (RG 6672/2023)».

Resolución del Tribunal Económico Administrativo Central n.° 7083/2022, de 17 de abril de 2024

Asunto: Determinación de los intereses de demora consecuencia de la liquidación realizada en la retroacción de actuaciones.

«A efectos de determinar los intereses de demora correspondientes a una nueva liquidación dictada como consecuencia de la retroacción de actuaciones en el ámbito de un procedimiento gestor ordenada por una resolución administrativa o judicial debe acudirse a los criterios contenidos en la Sentencia de 9 de diciembre de 2013 del Tribunal Supremo (rec. 4494/2012) y resolución de este TEAC de 28 de octubre de 2013 dictada en recurso extraordinario de alzada para unificación de criterio RG 4659-2013, de acuerdo con los cuales, a efectos de la determinación del "dies ad quem" del período de devengo de los intereses de demora, no es de aplicación el artículo 26.5 de la LGT y sólo se exigirán intereses de demora hasta la fecha de la primera liquidación anulada.

Reitera el criterio de la resolución de 4 de octubre de 2022, RG: 00-06860-2021».

2.5.3. Lugar de las actuaciones inspectoras tributarias

Lugar de las actuaciones inspectoras tributarias

De conformidad con lo señalado en el artículo 151 de la LGT las actuaciones inspectoras podrán desarrollarse indistintamente, según determine la inspección:

- En el lugar donde el obligado tributario tenga su domicilio fiscal, o en aquel donde su representante tenga su domicilio, despacho u oficina.

- En el lugar donde se realicen total o parcialmente las actividades gravadas.

- En el lugar donde exista alguna prueba, al menos parcial, del hecho imponible o del presupuesto de hecho de la obligación tributaria.

- En las oficinas de la Administración tributaria, cunado los elementos sobre los que hayan de realizarse las actuaciones puedan ser examinados en ellas.

- En cualquier lugar cuando las actuaciones se realicen a través de los sistemas digitales previstos en el apartado 9 del artículo 99 de la LGT. La utilización de estos sistemas requerirá la conformidad del obligado tributario.

La inspección podrá personarse sin previa comunicación en las empresas, oficinas, dependencias, instalaciones o almacenes del obligado tributario entendiéndose las actuaciones con éste o con el encargado o responsable de los locales.

Los libros y demás documentos deberán ser examinados en el domicilio, local, despacho u oficina del obligado tributario, en presencia del mismo o de la persona que designe, salvo que el obligado tributario consienta en su examen en las oficinas públicas. No obstante, la inspección podrá analizar en sus oficinas las copias o cualquier soporte de los mencionados libros o documentos.

Tratándose de los registros y documentos establecidos por normas de carácter tributario o de los justificantes exigidos por estas a los que se refiere el apartado 2. c) del artículo 136 de la LGT, podrá requerirse su presentación en las oficinas de la Administración tributaria para su examen.

El desarrollo de la regulación del lugar de las actuaciones inspectoras se encuentra en el artículo 174 del RGAT, por lo que expondremos las previsiones específicas que este precepto recoge.

En el caso del examen de documentos, libros, contabilidad, ficheros, facturas, justificantes, correspondencia con transcendencia tributaria, base de datos informatizadas, programas, registros y archivos informáticos relativos a actividades económicas, inspección de bienes, elementos o explotaciones deberán practicarse donde legalmente deban hallarse los libros de contabilidad o documentos. En estos casos se exceptuará esta exigencia:

- Cuando exista previa conformidad del obligado tributario, que se hará constar en diligencia, podrán examinarse en las oficinas de la Administración tributaria o en cualquier otro lugar cuando así se acuerde.

- Cuando se hubieran obtenido copias en cualquier soporte de los libros y documentos podrán examinarse en las oficinas de la Administración tributaria.

- Cuando se trate de registros y documentos establecidos por normas de carácter tributario o de los justificantes exigidos por estas, se podrá requerir su presentación en las oficinas de la Administración tributaria para su examen.

- Cuando las actuaciones de inspección no tengan relación con el desarrollo de una actividad económica, se podrá requerir la presentación en las oficinas de la Administración tributaria correspondiente de los documentos y justificantes necesarios para la debida comprobación de su situación tributaria, siempre que estén establecidos o sean exigidos por normas de carácter tributario o se trate de justificantes necesarios para probar los hechos o las circunstancias consignados en las declaraciones tributarias.

Los órganos de inspección en cuyo ámbito de competencia territorial se encuentre el domicilio fiscal el obligado tributario podrán examinar todos los libros, documentos o justificantes que deban ser aportados, aunque se refieran a bienes, derechos o actividades que radiquen, aparezcan o se desarrollen en un ámbito territorial distinto.

RESOLUCIÓN RELEVANTE

Sentencia de la Audiencia Nacional, rec. 577/2014, de 8 de junio, ECLI:ES:AN:2017:2742

Asunto: delimitación del domicilio de las personas jurídicas.

«A la luz de la delimitación del ámbito espacial de protección domiciliaria efectuada por el Tribunal Constitucional, la conclusión a la que se llega es que en el caso de las personas jurídicas, dada su peculiar naturaleza y finalidad, tienen la consideración de domicilio a efectos de la protección constitucional otorgada por el artículo 18.2 de la Constitución los espacios que requieren de reserva y no intromisión de terceros en razón a la actividad que en los mismos se lleva a cabo, esto es, los lugares utilizados por representantes de la persona jurídica para desarrollar sus actividades internas, bien porque en ellos se ejerza la habitual dirección y administración de la sociedad, bien porque sirvan de custodia de documentos u otros soportes de la vida diaria de la sociedad o de su establecimiento. En estos casos, la Administración Tributaria debe recabar el consentimiento del interesado o la oportuna autorización judicial.

(...)

A la vista de lo expresado al fundamento jurídico anterior, cabe reconocer un régimen jurídico dual. En primer término, cuando las actuaciones inspectoras lo requieran, los funcionarios que desarrollen funciones de inspección de los tributos podrán entrar, en las condiciones que reglamentariamente se determinen, en las fincas, locales de negocio y demás establecimientos o lugares en que se desarrollen actividades o explotaciones sometidas a gravamen, existan bienes sujetos a tributación, se produzcan hechos imponibles o supuestos de hecho de las obligaciones tributarias o exista alguna prueba de los mismos, y si la persona bajo cuya custodia se encontraren los lugares mencionados en el párrafo anterior se opusiera a la entrada de los funcionarios de la inspección de los tributos, se precisará la autorización escrita de la autoridad administrativa que reglamentariamente se determine. Es decir que la oposición a la entrada de los funcionarios de los tributos en los lugares descritos, se solventará con la autorización escrita de la autoridad administrativa que corresponda. El segundo supuesto se refiere, en cambio, a la circunstancia de que la entrada se pretenda realizar en el domicilio constitucionalmente protegido del obligado tributario, pues en ese caso se precisará o el consentimiento del titular, o, por el contrario, autorización judicial».

2.5.4. Horario de las actuaciones inspectoras tributarias

Horario de las actuaciones en el procedimiento inspector tributario

El artículo 152 de la LGT establece como norma que las actuaciones que se desarrollen en oficinas públicas deben realizarse dentro del horario oficial de apertura al público de las mismas y, en todo caso, dentro de la jornada de trabajo vigente. En caso de que las actuaciones se desarrollan en los locales del interesado se respetará la jornada laboral de oficina o de la actividad que se realice en los mismos, con la posibilidad de que pueda actuarse de común acuerdo en otras horas o días.

Ahora bien, el artículo 182 del RGAT establece que en ciertas circunstancias, cuando las actuaciones lo exijan, podrán realizarse fuera de los días y horas a los que nos hemos referido.

En el caso de actuaciones inspectoras que se desarrollen en los locales del obligado tributario, podrán realizarse fuera de la jornada laboral de oficina o de la actividad en los siguientes supuestos:

- Cuando medie el consentimiento del obligado tributario.
- Cuando ni el consentimiento del obligado tributario se considere necesario para que no desaparezcan, se destruyan o alteren elementos de pruebas o las circunstancias del caso requieran que las actuaciones de inspección de efectúen con una especial celeridad que exija su desarrollo fuera de la jornada laboral y se obtenga, en ambos supuestos, la previa autorización del órgano competente de la Administración tributaria.

Si las actuaciones se realizan en el ámbito de la Agencia Estatal de Administración Tributaria, la autorización corresponderá al delegado o al director de departamento del que dependa el órgano actuante. Sin embargo si estamos en el ámbito de la Dirección General del Catastro la autorización corresponderá al director general.

En todo caso el obligado tributario podrá exigir que se le entregue copia de la autorización.

2.6. Terminación de las actuaciones inspectoras tributarias

Aspectos generales de la terminación de las actuaciones inspectoras tributarias

La fase de instrucción del **procedimiento de inspección concluye** con la extensión del **acta** y la formulación en ella de la propuesta de liquidación. Las actas de la inspección (artículo 153 de la Ley General Tributaria) son los documentos públicos que extiende la inspección con el fin de recoger el resultado de las actuaciones inspectoras de comprobación e investigación proponiendo la regularización que se estime pertinente, o ninguna, en su caso.

El acta extendida por la inspección constituye un acto de mero trámite, y no es susceptible de impugnación separada del acto de liquidación. Sin embargo, su suscripción por el obligado tributario no es un acto de mero trámite, y, en consecuencia, no es admisible la actuación de representante que no acredite debidamente el apoderamiento.

Las actas serán firmadas por el funcionario y por el obligado tributario. En el caso de que el obligado tributario no supiera o no pudiera firmarlas, si no compareciera en el lugar y fecha señalados para su firma o si se negara a suscribirlas, serán firmadas solo por el funcionario y se hará constar la circunstancia de que se trate.

En caso de que el obligado tributario no compareciera las actas deberán ser comunicadas y se suspenderá el cómputo del plazo del procedimiento inspector desde el intento de notificación del acta al obligado tributario hasta que se consiga efectuar la notificación. Si el obligado compareciese y se negase a suscribir las actas se considerará rechazada la notificación teniéndose por efectuada la misma.

Cuando el interesado no comparezca o se niegue a suscribir las actas, deberán formalizarse actas de disconformidad.

Las actas de inspección no pueden ser objeto de recurso o reclamación económico-administrativa, sin perjuicio de los que procedan contra las liquidaciones tributarias resultantes de aquellas.

|| Contenido de las actas de inspección tributaria

Las actas que documenten el resultado de las actuaciones inspectoras deberán contener, al menos, las siguientes menciones (artículo 153 de la LGT):

- El **lugar y fecha** de su formalización.
- El **nombre y apellidos** o **razón social** completa, el **NIF** y el **domicilio fiscal** del obligado tributario, así como el nombre, apellidos y número de identificación fiscal de la persona con la que se entienden las actuaciones y el carácter o representación con que interviene en las mismas.
- Los **elementos esenciales del hecho imponible** o presupuesto de hecho de la obligación tributaria y de su atribución al obligado tributario, así como los **fundamentos de derecho** en que se base la regularización.
- En su caso, la **regularización** de la situación tributaria del obligado y la **propuesta de liquidación** que proceda.
- La **conformidad o disconformidad del obligado tributario** con la regularización y con la propuesta de liquidación.
- Los **trámites** del procedimiento posteriores al acta y, cuando ésta sea con acuerdo o de conformidad, los **recursos** que procedan contra el acto de liquidación derivado del acta, órgano ante el que hubieran de presentarse y plazo para interponerlos.

- La existencia o inexistencia, en opinión del actuario, de indicios de la comisión de **infracciones tributarias**.
- Las demás que se establezcan reglamentariamente. El acta de inspección además de contener la información recogida en el artículo 153 de la LGT también deberá recoger la información indicada en el artículo 176 del RGAT:

  » Nombre y apellidos de los funcionarios que las suscriban.

  » La fecha de inicio de las actuaciones, el plazo del procedimiento y las circunstancias que puedan afectar a su cómputo.

  » La presentación o no de alegaciones por el obligado tributario durante el procedimiento o en el trámite de audiencia y, en el caso de que las hubiera efectuado, la valoración jurídica de las mismas por el funcionario que suscribe el acta. No obstante, cuando se suscriba un acta de disconformidad, la valoración de las alegaciones presentadas podrá incluirse en el informe a que se refieren los artículos 157.2 de la LGT, y 188.2 del RGAT.

  » El carácter provisional o definitivo de la liquidación que derive del acta. En el caso de liquidación provisional se harán constar las circunstancias que determinan dicho carácter y los elementos de la obligación tributaria a que se haya extendido la comprobación.

  » En el caso de actas con acuerdo deberá hacerse constar, además de lo señalado en el apartado 2 del artículo 155 de la LGT, la fecha en que el órgano competente ha otorgado la preceptiva autorización y los datos identificativos del depósito o de la garantía constituidos por el obligado tributario.

  » Cuando el obligado tributario esté sujeto a obligaciones contables y registrales en relación con la obligación tributaria y periodo comprobado, deberá hacerse constar en el acta la situación de los libros o registros obligatorios, con expresión, en su caso, de los defectos o anomalías que tengan trascendencia para la resolución del procedimiento o para determinar la existencia o calificación de infracciones tributarias.

A TENER EN CUENTA. En relación con cada obligación tributaria podrá extenderse una única acta respecto de todo el ámbito temporal objeto de la comprobación a fin de que la deuda resultante se determine mediante la suma algebraica de las liquidaciones referidas a los distintos periodos comprobados.

JURISPRUDENCIA

Sentencia del Tribunal Supremo, rec. 3280/2008, de 23 de abril de 2012, ECLI:ES:TS:2012:2724

Asunto: exposición pormenorizada y concreta de los elementos del hecho imponible en las actas de inspección.

«La jurisprudencia de esta Sala sobre la cuestión se contiene en numerosas sentencias, de la que es exponente la sentencia de 18 de septiembre de 2008 (casación para la unificación de doctrina 317/04, FJ 2º, en la que nos remitíamos a otras

> *anteriores), y conforme a la misma, tanto en las actas de conformidad como en las de disconformidad, e incluso en las diligencias extendidas, es obligado exponer de modo pormenorizado y concreto los elementos del hecho imponible, debidamente circunstanciados, que determinan los aumentos de la base imponible, o las modificaciones de las deducciones, reducciones, bonificaciones, etc., de modo que el contribuyente conozca debidamente los hechos que sustentan tales actuaciones administrativas. En igual sentido se han pronunciado también las sentencias de 10 de mayo de 2000 (casación para la unificación de doctrina 5760/95, FJ 3°), 16 de marzo de 2009 (casación 838/05, FJ 3 °) y 10 de enero de 2008 (casación 4583/02, FJ 2°).*
>
> *No debe tampoco olvidarse que este Tribunal Supremo viene reconociendo al informe ampliatorio virtualidad para integrar la motivación de las actas de inspección, de modo que un acta inicialmente incompleta puede quedar integrada por el informe ampliatorio que emite el actuario, satisfaciendo de tal modo el objetivo de que el sujeto pasivo tenga un cabal conocimiento de la regularización practicada, de su contenido, de su alcance y de las razones que la justifican [véanse las sentencias de 9 de junio de 2005 (casación para la unificación de doctrina 7864/00, FJ 3°.3) y 25 de junio de 2009 (casación 9180/03, FJ 4°)]».*

|| Clases de actas según su tramitación

La LGT se limita a clasificar los tipos de actas en relación con el tipo de tramitación a seguir, distinción que toma como referencia la posición del obligado tributario frente a la propuesta de regularización contenida en el acta. Así, las actas pueden ser de **conformidad**, de **disconformidad** o de **acuerdo**.

Cuando el obligado tributario o su representante se niegue a recibir o suscribir el acta, ésta se tramitará como de disconformidad.

2.6.1. Actas con acuerdo en el procedimiento de inspección tributaria

Actas con acuerdo en la inspección tributaria

El artículo 155 de la LGT establece que cuando para la elaboración de la propuesta de regularización deba concretarse la aplicación de conceptos jurídicos indeterminados, cuando resulte necesaria la apreciación de los hechos determinantes para la correcta aplicación de la normas al caso concreto, o cuando sea preciso realizar estimaciones, valoraciones o mediciones de datos, elementos o características relevantes para la obligación tributaria que no puedan cuantificarse de forma cierta, la Administración tributaria, con **carácter previo a la liquidación de la deuda tributaria,** podrá concretar dicha aplicación, la apreciación de aquellos hechos o la estimación, valoración o medición mediante un **acuerdo con el obligado tributario**.

A estos efectos el artículo 186 del RGAT señala que cuando el órgano inspector entienda que puede proceder la conclusión de un acuerdo lo pondrá en conocimiento del obligado tributario el cual podrá formular una propuesta con el fin de alcanzar un acuerdo.

Además del contenido al que se refiere el artículo 153 de la LGT para las actas de inspección, el **acta con acuerdo deberá incluir** necesariamente el siguiente contenido:

- El fundamento de la aplicación, estimación, valoración o medición realizada.

- Los elementos de hecho, fundamentos jurídicos y cuantificación de la propuesta de regularización.

- Los elementos de hecho, fundamentos de hecho, fundamentos jurídicos y cuantificación de la propuesta de sanción que en su caso proceda, así como la renuncia a la tramitación separada del procedimiento sancionador.

- Manifestación expresa de la conformidad del obligado tributario con la totalidad del contenido.

> **A TENER EN CUENTA**. La cuantía de la sanción pecuniaria que pudiera imponerse en el acta con acuerdo se reducirá en un 65 % [apartado 1.a) del artículo 188 de la LGT].

El acuerdo se perfeccionará mediante la suscripción del acta por el obligado tributario o su representante y la inspección de tributos. La falta de suscripción no podrá ser motivo de recurso o reclamación contra las liquidaciones derivadas de actas de conformidad o disconformidad.

Para que pueda suscribirse el acta con acuerdo es necesario que lo **autorice el órgano competente para liquidar** y la **constitución de un depósito, aval de carácter solidario de entidad de crédito o sociedad de garantía recíproca o certificado de seguro de caución**, de cuantía suficiente para garantizar el cobro de las cantidades que puedan derivarse del acta. La autorización podrá ser previa o simultánea a la suscripción del acta con acuerdo.

El depósito que debe constituir el obligado deberá cubrir el importe total de la deuda tributaria y, en su caso, de la sanción. En caso de que se formalice aval o seguro de caución la garantía deberá cubrir el importe total de la deuda tributaria, de la sanción y el 20 % de ambas cantidades, será de duración indefinida y permanecerá vigente hasta que se produzca la extinción del importe garantizado. La garantía deberá constituirse a disposición del órgano competente para liquidar.

> **A TENER EN CUENTA**. Una vez satisfecha la deuda sin haber sido necesaria la ejecución de la garantía, se procederá de oficio a su devolución.

Cuando el obligado tributario suscriba un **acta con acuerdo que no afecta a todos los elementos regularizados de la obligación tributaria**, se procederá de la siguiente forma:

- Si se manifestase la **conformidad al resto de los elementos regularizados no incluidos en el acta con acuerdo**, la propuesta de liquidación contenida en el acta de conformidad incluirá todos los elementos regularizados de la obligación tributaria. La cuota tributaria incluida en la propuesta de liquidación contenida en el acta con acuerdo minorará la contenida en el acta de conformidad.

- Si se manifestase la **disconformidad al resto de los elementos regularizados no incluidos en el acta con acuerdo**, la propuesta de liquidación contenida en el acta de disconformidad incluirá todos los elementos regularizados de la obligación tributaria. La cuota tributaria incluida en la propuesta de la liquidación contenida en el acta con acuerdo minorará la contenida en el acta de disconformidad.

- Si respecto a los **elementos regularizados de la obligación tributaria no incluidos en el acta con acuerdo se otorgase la conformidad parcial**, se procederá de la siguiente manera:

  » Si de la propuesta derivada de los hechos a los que el obligado tributario haya prestado su conformidad no resultara una cantidad a devolver, se formalizarán simultáneamente, además del acta con acuerdo, dos actas relacionadas entre sí:

    ◆ Un acta de conformidad que contendrá los elementos regularizados de la obligación tributaria a los que el obligado tributario haya prestado su conformidad.

    ◆ Un acta de disconformidad que incluirá la totalidad de los elementos regularizados de la obligación tributaria. Las cuotas tributarias incluidas en las propuestas de liquidación contenidas en el acta de conformidad y en el acta con acuerdo minorarán la contenida en el acta de disconformidad.

  » Si de la propuesta derivada de los hechos a los que el obligado tributario haya prestado su conformidad resultara una cantidad a devolver, se formalizará una única acta de disconformidad en la que se harán constar los elementos regularizados de la obligación tributaria a los que el obligado tributario presta su conformidad a efectos de la aplicación de la reducción de la sanción prevista por el apartado 1 del artículo 188 de la LGT. La cuota tributaria incluida en la propuesta de liquidación contenida en el acta con acuerdo minorará la contenida en el acta de disconformidad.

Si transcurridos 10 días, contados desde el siguiente a la fecha del acta, no se hubiera notificado al interesado acuerdo del órgano competente para liquidar rectificando los errores materiales que pudiera contener el acta con acuerdo, se entenderá producida y notificada la liquidación y, en su caso, impuesta y notificada la sanción, en los términos de las propuestas formuladas.

Una vez confirmadas las propuestas, el depósito que se hubiera realizado se aplicará al pago de dichas cantidades. En el caso de que se hubiera presentado aval o certificado de seguro de caución, el ingreso deberá realizarse en el plazo a que se refiere el apartado 2 del artículo 62 de la LGT, o en el plazo o plazos fijados en el acuerdo de aplazamiento o fraccionamiento que la Administración tributaria hubiera concedido con dichas garantías y que el obligado al pago hubiera solicitado con anterioridad a la finalización del plazo al que nos hemos referido.

CUESTIONES

1. ¿Cómo debe acreditarse que se ha constituido el depósito o aval exigido por el artículo 155.3.b) de la LGT?

Señala el apartado 5 del artículo 186 del RGAT que antes de proceder a la firma del acta, el obligado tributario deberá acreditar fehacientemente la constitución del depósito o garantía en los siguientes términos:

– Constitución de depósito: mediante la aportación del justificante de constitución del depósito en la Caja General de Depósitos o en sus sucursales.

– Formalización de aval o seguro de caución: mediante la aportación del certificado de la entidad de crédito o sociedad de garantía recíproca o de la entidad aseguradora.

2. ¿Qué sucede si no se aporta el justificante de constitución de depósito o garantía?

Si en el momento de la firma del acta el obligado tributario no hubiese aportado el justificante que acredite la constitución del depósito o garantía se entenderá que ha desistido de la formalización del acta con acuerdo.

RESOLUCIÓN RELEVANTE

Sentencia de la Audiencia Nacional, rec. 314/2015, de 20 de julio de 2017, ECLI. ES:AN:2017:3172

Asunto: posibilidad de recurso de las actas de acuerdo.

«La firma de unas actas con acuerdo supone la conformidad del obligado tributario con el contenido del acta, teniendo limitadas las vías de recurso. Solo cabe el procedimiento especial de revisión de actos nulos de pleno derecho (art 217 LGT), y en la vía contencioso - administrativa, solo cabe recurso por vicios en el consentimiento. Esta limitación también se da para la Administración, que no puede una vez dictada tácitamente la liquidación, rectificar errores materiales, ni declarar la lesividad de la declaración, ni acordar su revocación».

2.6.2. Actas de conformidad en el procedimiento de inspección tributaria

Actas de conformidad en la inspección tributaria

Señala el artículo 156 de la LGT que con carácter previo a la firma del acta debe concederse trámite de audiencia al interesado para que alegue lo que a su derecho convenga. Si el obligado tributario o su representante manifiesta su conformidad con la propuesta de regularización que formule la inspección de los tributos, se hará constar expresamente esta circunstancia en el acta. En este caso nos hallamos ante un **acta de conformidad**.

Cuando el obligado tributario preste su **conformidad parcial** a los hechos y a las propuestas de regularización y liquidación formuladas se procederá de la siguiente forma:

• Si de la propuesta derivada de los hechos a los que el obligado tributario presta su conformidad no resultara una cantidad a devolver, se formalizarán simultáneamente dos actas relacionadas entre sí en los siguientes términos:

» Un acta de conformidad que contendrá los elementos regularizados de la obligación tributaria a los que el obligado tributario haya prestado su conformidad.

» Un acta de disconformidad que incluirá la totalidad de los elementos regularizados de la obligación tributaria. La cuota tributaria incluida en la propuesta de liquidación contenida en el acta de conformidad minorará la contenida en el acta de disconformidad.

- Si de la propuesta derivada de los hechos a los que el obligado tributario presta su conformidad resultara una cantidad a devolver, se formalizará una única acta de disconformidad en la que se harán constar los elementos regularizados de la obligación tributaria a los que el obligado tributario presta su conformidad a efectos de la aplicación de la reducción de la sanción prevista en el apartado 1 del artículo 188 de la LGT.

Una vez firmada el acta de conformidad, el **órgano competente para liquidar dispone de un plazo de 1 mes,** contado a partir del día siguiente al de la fecha del acta, **para notificar al obligado tributario un acuerdo con alguno de los siguientes contenidos**:

- Rectificando errores materiales.

- Ordenando completar el expediente mediante la realización de las actuaciones que procedan.

- Confirmando la liquidación propuesta en el acta.

- Estimando que en la propuesta de liquidación ha existido error en la apreciación de los hechos o indebida aplicación de las normas jurídicas y concediendo al interesado plazo de audiencia previo a la liquidación que se practique.

El modo de proceder una vez dictado el acuerdo dependerá del contenido del mismo estableciendo el apartado 3 del artículo 187 del RGAT las siguientes previsiones:

- Si se confirma la propuesta liquidación contenida en el acta o se rectifican errores materiales, se notificará el acuerdo al obligado tributario, finalizando el procedimiento con dicha notificación.

- Si se estima que en la propuesta de liquidación ha existido error en la apreciación de los hechos o indebida aplicación de las normas jurídicas, se notificará al obligado tributario acuerdo de rectificación conforme a los hechos aceptados por este en el acta y se concederá un plazo de 15 días, contados a partir del día siguiente al de la notificación de la apertura de dicho plazo, para que formule alegaciones. Transcurrido dicho plazo se dictará la liquidación que corresponda, que deberá ser notificada.

- Si se ordena completar el expediente mediante la realización de actuaciones complementarias, se dejará sin efecto el acta formalizada, se notificará esta circunstancia al obligado tributario y se realizarán las actuaciones que procedan cuyo resultado se documentará en un acta que sustituirá a todos los efectos a la anteriormente formalizada y se tramitará según proceda.

Si en el **plazo de 1 mes**, contado desde el día siguiente a la fecha del acta, **no se hubiera notificado al interesado el acuerdo del órgano competente para liquidar, se entenderá producida y notificada la liquidación tributaria de acuerdo con la propuesta formulada en el acta**. De no hacerse la notificación en el plazo citado, la liquidación se entenderá dictada y notificada el día siguiente.

> **A TENER EN CUENTA**. El plazo de 1 mes del que dispone el órgano competente para liquidar en los supuestos de error en la apreciación de los hechos o indebida aplicación de las normas jurídicas o cuando sea necesario completar el expediente, se suspenderá por el intento de notificación al obligado tributario del acuerdo de rectificación o por el que se ordena completar las actuaciones.

El obligado tributario no podrá revocar la conformidad manifestada en el acta, sin perjuicio de su derecho a recurrir contra la liquidación resultante de esta y a presentar alegaciones de conformidad con el apartado 3.b) del artículo 187 del RGAT.

En caso de que resultase una deuda a ingresar, se entregará junto con el acta el documento de ingreso, teniendo en cuenta la fecha en que se entienda dictada y notificada la liquidación, para el cómputo de los plazos de pagos previstos en el apartado 2 del artículo 62 de la LGT. Lo anterior no resulta de aplicación en caso de que la liquidación se dicte expresamente, en cuyo caso se estará a la fecha de su notificación.

> **A TENER EN CUENTA**. Para la imposición de las sanciones que puedan proceder como consecuencia de las liquidaciones será de aplicación la reducción prevista en el apartado 1 del artículo 188 de la LGT.

A efecto del valor de los hechos reconocidos en estas actas de conformidad debemos señalar que el apartado 5 del artículo 156 de la LGT dispone que **a los hechos y elementos determinantes de la deuda tributaria respecto de los que el obligado tributario o su representante prestó su conformidad se presumen ciertos y solo podrán rectificarse mediante prueba de haber incurrido en error de hecho**.

> **RESOLUCIÓN RELEVANTE**
>
> **Sentencia del Tribunal Supremo, n.º 190/2025, de 25 de febrero, ECLI:ES:TS:2025:758**
>
> **Asunto: Posibilidad de impugnar la liquidación que deriva de un acta de conformidad.**
>
> *«En síntesis, un acta de conformidad supone la celebración de un negocio jurídico que obliga por igual a la Administración y al contribuyente pues, a menos que se hubiera intentado y probado otra cosa, se inspira en una manifestación libre, cons-*

ciente y que recae sobre una realidad fáctica objeto de disposición. Esa declaración vincula por completo a ambas partes, si bien el ordenamiento ofrece la posibilidad de impugnarla, bien con alegación de reparos de interpretación jurídica, bien por la excepcional concurrencia de algún vicio del consentimiento.

Así, el artículo 156.5 de la LGT dispone que " 5. A los hechos y elementos determinantes de la deuda tributaria respecto de los que el obligado tributario o su representante prestó su conformidad les será de aplicación lo dispuesto en el apartado 2 del artículo 144 de esta ley "(2. Los hechos aceptados por los obligados tributarios en las actas de inspección se presumen ciertos y sólo podrán rectificarse mediante prueba de haber incurrido en error de hecho).

Y este último precepto expresa que "...los hechos aceptados por los obligados tributarios en las actas de inspección se presumen ciertos y sólo podrán rectificarse mediante prueba de haber incurrido en error de hecho".

Por su parte, el art. 187.4 del citado Reglamento prevé que:

"4. El obligado tributario no podrá revocar la conformidad manifestada en el acta, sin perjuicio de su derecho a recurrir contra la liquidación resultante de esta y a presentar alegaciones de acuerdo con lo dispuesto en el apartado 3.b) de este artículo",a saber, por error en la apreciación de los hechos o indebida aplicación de las normas jurídicas.

De todo lo cual se extrae la conclusión de que "la impugnación de la liquidación derivada de un acta de conformidad, solo puede hacerse con fundamento en que se ha incurrido en un error de hecho o de derecho por haberse realizado una indebida aplicación de las normas jurídicas" (sentencia de la Audiencia Nacional, Sección 6ª, de 28 de diciembre de 2021 -recurso nº 2765/2019-)».

RESOLUCIÓN ADMINISTRATIVA

Resolución del Tribunal Económico- Administrativo Central n.º 154/2025, de 24 de septiembre de 2025

Asunto: Cómputo del plazo de un mes del que dispone la Administración Tributaria, artículos 211.1 de la LGT, para dictar y notificar un acuerdo con el contenido del artículo 156.3 de la LGT.

«El cómputo del plazo de un mes del que dispone la Administración Tributaria, ex artículos 211.1 de la Ley 58/2003, General Tributaria y 25.7 del Real Decreto 2063/2004 por el que se aprueba el Reglamento General del Régimen Sancionador Tributario, para dictar y notificar un acuerdo con el contenido del artículo 156.3 de la Ley General Tributaria que impida el dictado tácito de la resolución sancionadora de acuerdo con la propuesta a la que se prestó conformidad, se computa desde la fecha en que se prestó la conformidad, día que queda excluido del cómputo, y finaliza el mismo día en que se prestó la conformidad en el mes de vencimiento o, si en dicho mes no hubiera día equivalente, el último día del mes. El transcurso de dicho plazo sin que se haya notificado al obligado tributario alguno de los contenidos a los que se refiere el artículo 156.3 LGT, supondrá que se entienda dictada y notificada la resolución sancionadora al día siguiente, de acuerdo con el contenido de la propuesta. Basta con que la Administración Tributaria realice, dentro del plazo de un mes previsto en el artículo 211.1 LGT, un intento de notificación o la puesta a disposición de la notificación en la sede electrónica de la Administración Tributaria o en la dirección electrónica habilitada (art. 104 de la Ley General Tributaria), de un acuerdo con el contenido del artículo 156.3 LGT, para que no se pueda entender dictado y notificado ope legis el acuerdo sancionador resultante de la propuesta a la que se prestó conformidad. Unificación de Criterio».

2.6.3. Actas de disconformidad en el procedimiento de inspección tributaria

Actas de disconformidad en la inspección tributaria

En el procedimiento de inspección tributaria antes de la firma del acta se concederá al interesado un trámite audiencia para que alegue lo que convenga a su derecho. En caso de que el obligado tributario o su representante no suscriba el acta o manifieste su disconformidad con la propuesta de regularización que formule la inspección de los tributos, se hará constar expresamente esta circunstancia en el acta. En caso de que sea preciso completar la información recogida en el acta se podrá acompañar un informe del actuario.

El acta de disconformidad se formalizará:

- Cuando el obligado tributario se niegue a suscribir el acta.

- Cuando el obligado tributario suscriba el acta, pero no preste su conformidad a las propuestas de regularización y de liquidación contenidas en el acta.

- Cuando el obligado tributario no comparezca en la fecha señalada para la firma de las actas.

En el acta de disconformidad **se hará constar el derecho del obligado tributario a presentar las alegaciones** que considere oportunas dentro del plazo de 15 días, contados a partir del día siguiente al de la fecha en que se haya producido la negativa a suscribir, se haya suscrito o, si no se ha comparecido, se haya notificado el acta.

En el acta de disconformidad se expresarán con el detalle que sea preciso los hechos y fundamentos de derecho en que base la propuesta de regularización. La información recogida en el acta que sea necesario completar podrá ser objeto de desarrollo en un informe ampliatorio, que se entregará al obligado tributario de forma conjunta con el acta.

También se recogerá en el acta de forma expresa la disconformidad manifestada por el obligado tributario o las circunstancias que determinan su tramitación como acta de disconformidad, sin perjuicio de que en su momento pueda alegar cuanto convenga a su derecho.

En el plazo de 15 días desde la fecha en que se haya extendido el acta o desde la notificación de la misma, **el obligado tributario podrá formular alegaciones ante el órgano competente para liquidar**.

Una vez se hayan recibido las alegaciones que formulara el obligado tributario o concluido el plazo para su presentación, el órgano competente para liquidar, a la vista del acta, del informe que, en su caso, se haya emitido y de las alegaciones eventualmente presentadas, dictará el acto administrativo que corresponda, que deberá ser notificado.

El apartado 3 del artículo 188 del RGAT establece que **si el órgano competente para liquidar acordase la rectificación de la propuesta contenida en el acta** por considerar que en ella ha existido error en la apreciación de los hechos o indebida aplicación de las normas jurídicas y dicha rectificación afectase a cuestiones no alegadas por el obligado tributario, **notificará el acuerdo de rectificación para que en el plazo de 15 días**, contados a partir del siguiente al de la notificación de la apertura de dicho plazo, efectúe alegaciones y manifieste su conformidad o disconformidad con la nueva propuesta formulada en el acuerdo de rectificación. Transcurrido dicho plazo se dictará la liquidación que corresponda que deberá ser notificada.

Antes de dictar el acto de liquidación, **el órgano competente podrá acordar que se complete el expediente en cualquiera de sus extremos**. Dicho acuerdo se notificará al obligado tributario y se procederá de la siguiente forma:

- Si como consecuencia de las actuaciones complementarias se considera necesario modificar la propuesta de liquidación se dejará sin efecto el acta incoada y se formalizará una nueva acta que sustituirá a todos los efectos a la anterior y se tramitará según corresponda.

- Si se mantiene la propuesta de liquidación contenida en el acta de disconformidad, se concederá al obligado tributario un plazo de 15 días, contados a partir del día siguiente al de la notificación de la apertura de dicho plazo, para la puesta de manifiesto del expediente y la formulación de las alegaciones que estime oportunas. Una vez recibidas las alegaciones o concluido el plazo para su realización, el órgano competente para liquidar dictará el acto administrativo que corresponda que deberá ser notificado.

RESOLUCIÓN RELEVANTE

Sentencia del Tribunal Supremo n.º 353/2017, de 1 de marzo, ECLI:ES:TS:2017:743

Asunto: efectos vinculantes del acta de disconformidad respecto al inspector jefe.

«El acta de disconformidad no tiene efectos vinculantes para el Inspector-Jefe, al tratarse de una simple propuesta de resolución, sin que el obligado tributario tenga derecho a que se mantenga invariado su contenido.

Por ello, nada impide que en el momento de resolver el Inspector Jefe proceda acordar la rectificación de la propuesta contenida en el acta si considera que en ella existe error en la apreciación de los hechos o indebida aplicación de las normas jurídicas, sin necesidad de acordar diligencias para mejor proveer, como en la actualidad establece el art. 183.3 del Reglamento de 2007, si bien otorgando un trámite de alegaciones al obligado tributario».

2.7. Disposiciones especiales del procedimiento inspector

2.7.1. Estimación indirecta en el procedimiento de inspección tributaria

Aplicación del método de estimación indirecta en el procedimiento de inspección tributaria

El método de estimación indirecta de bases o cuotas será utilizado por la Administración de acuerdo con lo dispuesto en los artículos 53 y 158 de la LGT y en el artículo 193 del RGAT. Este método podrá aplicarse en relación con la totalidad o parte de los elementos integrantes de la obligación tributaria.

|| **Circunstancias que determinan la aplicación del método de estimación indirecta**

El artículo 53 de la LGT señala que **el método de estimación indirecta se aplicará cuando la Administración tributaria no pueda disponer de los datos necesarios para la determinación completa de la base imponible** como consecuencia de alguna de las siguientes circunstancias:

- Falta de presentación de declaraciones o presentación de declaraciones incompletas o inexactas.

- Resistencia, obstrucción, excusa o negativa a la actuación inspectora.

- Incumplimiento sustancial de las obligaciones contables o registrales.

- Desaparición o destrucción, aun por causa de fuerza mayor, de los libros y registros contables o de los justificantes de las operaciones anotadas en los mismos.

A los efectos de estas disposiciones del apartado 1 del artículo 53 de la LGT, el artículo 193 del RGAT realiza una serie de precisiones:

- La apreciación de alguna o algunas de las circunstancias a las que nos hemos referido no determina por si sola la aplicación del método de estimación indirecta si, de acuerdo con los datos y antecedentes obtenidos a lo largo del desarrollo de las actuaciones inspectoras, pudiera determinarse la base o la cuota mediante el método de estimación directa u objetiva.

- Se entenderá que existe resistencia, obstrucción excusa o negativa a la actuación inspectora [apartado 1.b) del artículo 53 de la LGT], cuando concurra alguna de las conductas reguladas en el apartado 1 del artículo 203 de la LGT.

- Se entenderá que existe incumplimiento sustancial de las obligaciones contables o registrales [apartado 1.c) del artículo 53 de la LGT]:
  - » Cuando el obligado tributario incumpla la obligación de llevanza de la contabilidad o de los libros registro establecidos por la normativa tributaria. Se presumirá su omisión cuando se exhiban a requerimiento de los órganos de inspección.
  - » Cuando la contabilidad no recoja fielmente la titularidad de las actividades, bienes o derechos.
  - » Cuando los libros o registros contengan omisiones, alteraciones o inexactitudes que oculten o dificulten gravemente la constatación de las operaciones realizadas.
  - » Cuando aplicando las técnicas o criterios generalmente aceptados a la documentación facilitada por el obligado tributario no pueda verificarse la declaración o determinase con exactitud las bases o rendimientos objeto de comprobación.
  - » Cuando la incongruencia probada entre las operaciones contabilizadas o registradas y las que debieran resultar del conjunto de adquisiciones, gastos u otros aspectos de la actividad permita presumir, de acuerdo con lo dispuesto en el apartado 2 del artículo 108 de la LGT, que la contabilidad o los libros registro son incorrectos.

|| Procedimiento de aplicación del método de estimación indirecta

El artículo 158 de la LGT señala que cuando resulte aplicable el método de estimación indirecta, **la inspección de los tributos acompañará a las actas incoadas para regularizar la situación tributaria de los obligados tributarios un informe razonado** sobre:

- Las causas determinantes de la aplicación del método de estimación indirecta.
- La situación de la contabilidad y registros obligatorios del obligado tributario.
- La justificación de los medios elegidos para la determinación de las bases, rendimientos o cuotas.
- Los cálculos y estimaciones efectuados en virtud de los medios elegidos.

La aplicación de este método no requiere de un acto administrativo previo que lo declare, pero en los recursos y reclamaciones que procedan contra los actos y liquidaciones resultantes podrá plantearse la procedencia de la aplicación de dicho método.

Los datos y antecedentes utilizados para **la aplicación del método de estimación indirecta podrán proceder de cualquiera de las siguientes fuentes**:

- Los signos, índices y módulos establecidos para el método de estimación objetiva, que se utilizará preferentemente tratándose de obligados tributarios que hayan renunciado a dicho método. No obstante, si la inspección acredita la existencia de rendimientos o cuotas procedentes de la actividad económica por un importe superior, será este último el que se considere a efectos de la regularización.

- Los datos económicos y del proceso productivo obtenidos del propio obligado tributario. Entre los datos que podrá utilizar la administración se encuentran:

  » Los datos de ejercicios anteriores o posteriores al regularizado en los que disponga de información que se considere suficiente y fiable. En especial, podrá utilizarse información correspondiente al momento de desarrollo de la actuación inspectora, que podrá considerarse aplicable a los ejercicios anteriores, salvo que se justifique y cuantifique, por la inspección o por el obligado tributario, que procede efectuar ajustes en dichos datos.

  » Cuando este método se aplique a la cuantificación de operaciones de características homogéneas del obligado tributario y este no aporte información al respecto, aporte información incorrecta o insuficiente o se descubra la existencia de incorrecciones reiteradas en una muestra de dichas operaciones, la inspección de los tributos podrá regularizarlas por muestreo. En estos casos, podrá aplicarse el promedio que resulta de la muestra a la totalidad de las operaciones del período comprobado, salvo que el obligado tributario acredite la existencia de causas específicas que justifiquen la improcedencia de dicha proporción.

- Los datos procedentes de estudios del sector efectuados por organismos públicos o por organizaciones privadas de acuerdo con técnicas estadísticas adecuadas, y que se refieran al periodo objeto de regularización. En este caso se identificará la fuente de los estudios, a efectos de que el obligado tributario pueda argumentar lo que considere adecuado a su derecho en relación con los mismos.

- Los datos de una muestra obtenida por los órganos de la inspección sobre empresas, actividades o productos con características relevantes que sean análogas o similares a las del obligado tributario, y que se refieran al mismo año. En este caso, la inspección deberá identificar la muestra elegida, de forma que se garantice su adecuación a las características del obligado tributario, y señalar el registro público o fuente de la que se obtuvieron los datos. En caso de que los datos utilizados procedan de la propia Administración Tributaria, la muestra se realizará de conformidad a lo dispuesto en el apartado 5 del artículo 193 del RGAT.

En caso de imposición directa, se podrá determinar por el método de estimación indirecta las ventas y prestaciones, las compras y gastos o el rendimiento neto de la actividad. La estimación indirecta puede referirse únicamente a las ventas y prestaciones, si las compras y gastos que figuran en la contabilidad o en los registros fiscales se consideran suficientemente acreditados. Asimismo, puede referirse únicamente a las compras y gastos cuando las ventas y prestaciones resulten suficientemente acreditadas.

En caso de imposición sobre el consumo, se podrá determinar por el método de estimación indirecta la base y la cuota repercutida, la cuota que se estima soportada y deducible o ambos importes. La cuota que se estima soportada y deducible se calculará estimando las cuotas que corresponderían a los bienes y servicios que serían normalmente necesarios para la obtención de las ventas o prestaciones correspondientes, pero solo en la cuantía en la que se aprecie que se ha repercutido el impuesto y que este ha sido soportado efectivamente por el obligado tributario. Si la Administración Tributaria no dispone de información que le permita apreciar la repercusión de las cuotas, corresponderá al obligado tributario aportar la información que permita identificar a las personas o entidades que le repercutieron el impuesto y calcular su importe.

> **A TENER EN CUENTA**. Ningún gasto o cuota soportada correspondiente a un ejercicio regularizado por medio de estimación indirecta podrá ser objeto de deducción en un ejercicio distinto.

En el caso de tributos con períodos de liquidación inferior al año, la cuota estimada por la inspección de forma anual se repartirá linealmente entre los períodos de liquidación correspondientes, salvo que el obligado tributario justifique que procede un reparto temporal diferente.

Señala el apartado 6 del artículo 193 del RGAT que en el supuesto en el que las actas en que se proponga la regularización de la situación tributaria del obligado mediante la aplicación del método de estimación indirecta se suscriban en disconformidad, podrá elaborarse un único informe que recoja ambas circunstancias.

> **RESOLUCIÓN RELEVANTE**
>
> **Sentencia del Tribunal Supremo, rec. 2903/2010, de 23 de julio de 2012, ECLI:ES:TS:2012:5468**
>
> **Asunto: Carácter subsidiario de régimen de estimación indirecta y necesidad de justificar su aplicación.**
>
> *«Tanto antes como ahora, el de estimación indirecta constituye un régimen de carácter subsidiario que requiere la justificación de su elección, plasmada mediante la correspondiente motivación. Es en el informe aludido donde la Administración tributaria debe dejar suficiente constancia de las causas en que se sustenta la aplicación del régimen; también ha de plasmar en él la situación de la contabilidad y de los registros obligatorios del sujeto pasivo, así como justificar los medios elegidos para la determinación de los rendimientos y los cálculos, explicitando las estimaciones efectuadas con arreglo a dichos medios. Este criterio ha sido confirmado reiteradas veces por el Tribunal Supremo en sentencias de 20 de enero de 1998 (casación 4190/92, FJ 2º), 22 de marzo de 1999 (casación 2593/94, FJ 3 º) y 20 de marzo de 2009 (casación para la unificación de doctrina 228/04, FJ 4º).*
>
> *La estimación directa de la base imponible, en principio, es la que mejor se ajusta a la capacidad económica real del sujeto pasivo y, por lo tanto, es a la que la Administración debe acudir en primer y preferente lugar. La estimación indirecta tiene, por lo tanto, carácter subsidiario, lo que obliga a la Administración tributaria a agotar todas las posibilidades para la determinación directa de la base imponible. Como dijimos en la citada sentencia de 9 de mayo de 2011 (ahora en su FJ 4º), por el carácter subsidiario que el método indirecto de estimación de bases imponibles tiene en nuestro sistema, no basta con que se comprueben irregularidades contables, sino que resulta menester que tales irregularidades sean consecuencia de incumplimientos sustanciales y hurten a la Administración el conocimiento de los datos para la obtención completa de las bases (...)».*

2.7.2. Informe preceptivo para la declaración del conflicto en la aplicación de la norma tributaria

Declaración de conflicto en la aplicación de la norma tributaria

El artículo 15 de la LGT señala que se entiende que **existe conflicto en la aplicación de la norma tributaria cuando se evite total o parcialmente la realización del hecho imponible o se minore la base o la deuda tributaria mediante actos o negocios en los que concurran las siguientes circunstancias**:

- Individualmente considerados o en su conjunto, sean notoriamente artificiosos o impropios para la consecución del resultado obtenido.
- De su utilización no resulten efectos jurídicos o económicos relevantes, distintos del ahorro fiscal y de los efectos que se hubieran obtenido con los actos o negocios usuales o propios.

Para que la Administración tributaria pueda declarar el conflicto en la aplicación de la norma tributaria será necesario el previo informe favorable de la comisión consultiva.

Informe preceptivo para la declaración de conflicto en la aplicación de la norma tributaria

El procedimiento a seguir se encuentra regulado en el artículo 159 de la LGT y en el artículo 194 del RGAT.

El informe favorable debe emitirse por la Comisión consultiva que se constituya. A estos efectos el apartado 4 del artículo 194 del RGAT especifica la composición de la Comisión:

> «En el ámbito de competencias del Estado, la Comisión consultiva estará compuesta por dos representantes de la Dirección General de Tributos del Ministerio de Economía y Hacienda designados por resolución del Director General de Tributos, uno de los cuales actuará como presidente con voto de calidad, salvo que el conflicto en la aplicación de la norma tributaria afecte a las normas dictadas por las comunidades autónomas en materia de tributos cedidos, en cuyo caso, los representantes del órgano competente para contestar las consultas tributarias escritas serán designados por resolución del titular de dicho órgano.
> Los representantes de la Administración tributaria actuante serán:
> a) Cuando la Administración tributaria actuante sea la Agencia Estatal de Administración Tributaria, dos representantes de esta designados por el director del departamento competente.
> b) Cuando la Administración tributaria actuante sea una comunidad autónoma, dos representantes de la Administración tributaria autonómica.

c) Cuando la Administración tributaria actuante sea una entidad local, dos representantes de la entidad local.

En los supuestos anteriores, uno de los dos representantes de la Administración tributaria actuante podrá ser el órgano de inspección que estuviese tramitando el procedimiento o el órgano competente para liquidar que hubiese remitido el expediente».

Para iniciar el procedimiento, el órgano actuante que estime que pueden concurrir las circunstancias que establece el apartado 1 del artículo 15 de la LGT, a las que no hemos referido con anterioridad, lo comunicará al interesado, concediéndole un plazo de 15 días para presentar alegaciones y aportar o proponer las pruebas que estime procedentes. Una vez se hayan recibido las alegaciones y practicadas, en su caso, las pruebas procedentes, el órgano actuante remitirá el expediente completo a la Comisión consultiva.

La Comisión consultiva dispondrá de un plazo máximo de 3 meses, contados desde la remisión del expediente, **para emitir el informe**. Este plazo podrá ser ampliado mediante acuerdo motivado de la propia comisión, sin que dicha ampliación pueda exceder de 1 mes.

En el informe la Comisión consultiva indicará de forma motivada si procede o no la declaración del conflicto en la aplicación de la norma tributaria. Este informe se comunicará al órgano competente para liquidar que hubiese remitido el expediente, que ordenará su notificación al obligado tributario y la continuación del procedimiento de inspección.

Si transcurrido el plazo no se haya emitido el informe se reanudará el cómputo del plazo de duración de las actuaciones inspectoras, manteniéndose la obligación de emitir dicho informe, aunque se podrán continuar las actuaciones y, en su caso, dictar liquidación provisional respecto a los demás elementos de la obligación tributaria no relacionados con las operaciones analizadas por la Comisión consultiva.

El informe, una vez emitido, será vinculante para el órgano de inspección sobre la declaración del conflicto en la aplicación de la norma.

A TENER EN CUENTA. El informe y los demás actos dictados no serán susceptibles de recurso o reclamación, pero en los que se interpongan contra los actos y liquidaciones resultantes de la comprobación podrá plantearse la procedencia de la declaración del conflicto en la aplicación de la norma.

Cuando sea necesario este informe, durante su tramitación, se **suspenderá el cómputo del plazo del procedimiento inspector**. Esta suspensión se producirá por el tiempo que transcurra desde la notificación al interesado hasta la recepción del informe por el órgano competente para continuar el procedimiento o hasta el transcurso del plazo máximo para su emisión. Ahora bien, esta suspensión no impedirá la práctica de las actuaciones inspectoras que durante esta situación pudieran desarrollarse en relación con los elementos de la obligación tributaria no relacionados con los actos o negocios analizados.

RESOLUCIÓN RELEVANTE

Sentencia de la Audiencia Nacional, rec. 846/2020, de 24 de septiembre de 2025, ECLI:ES:AN:2025:4172

Asunto: Consecuencia de dictar liquidación sin observar el procedimiento establecido en el artículo 159 de la LGT.

«En orden a extraer las consecuencias de lo anteriormente expuesto, cumple advertir que el legislador ha querido que para la apreciación del conflicto en la aplicación de la norma y la consecuente exigencia del tributo "aplicando la norma que hubiera correspondido a los actos o negocios usuales o propios o eliminando las ventajas fiscales obtenidas"- art. 15 LGT-, se siga un procedimiento específico con audiencia del interesado en el que la Comisión consultiva prevista en el art. 159 LGT (y compuesta como dispone el art.194.3 del Real Decreto 1065/2007, de 27 de julio, por el que se aprueba el Reglamento General de las actuaciones y los procedimientos de gestión e inspección tributaria y de desarrollo de las normas comunes de los procedimientos de aplicación de los tributos) emite un dictamen vinculante sobre la declaración o no de conflicto en la aplicación de la norma - art. 159.6 LGT-.

Se trata de garantías del contribuyente establecidas cuando el soporte de la decisión administrativa es particularmente complejo, pues entraña apreciaciones jurídicas que llevan consigo la inaplicación de la norma aparentemente aplicable en favor de otra que se afirma eludida. Garantías que el legislador ha dispuesto y que no pueden orillarse acudiendo a las potestades de calificación o de apreciación de simulación que no se envuelven en el sistema de garantías propias del conflicto o fraude.

La consecuencia de ello es que la liquidación ha sido dictada sin observar el procedimiento previsto en el art. 159 LGT, lo que determina la invalidez de la liquidación y de la subsiguiente sanción que toma soporte en ella, así como de la resolución del TEAC que desestimó la reclamación económico-administrativa deducida frente a liquidación y sanción».

2.7.3. Otras disposiciones especiales del procedimiento inspector tributario

Especialidades del procedimiento inspector tributario para entidades que tributen en régimen de consolidación fiscal

El artículo 195 del RGAT establece una serie de **especialidades en el procedimiento inspector respecto a las entidades que tributan en el régimen de consolidación fiscal**.

Comienza el precepto señalando que la comprobación e investigación de la sociedad representante y del grupo fiscal se realizará en **un único procedimiento de inspección**, que incluirá la comprobación de las obligaciones tributarias del grupo fiscal y de la sociedad representante objeto del procedimiento.

En el caso de los **grupos fiscales que tributen en el régimen de consolidación fiscal en los que la entidad dominante sea no residente en territorio español,** cuando no se haya comunicado la entidad que ostente la condición de representante del grupo, la Administración tributaria podrá considerar como tal a cualquiera de las entidades integrantes del mismo. En estos grupos fiscales, cuando se comunique el cambio de sociedad representante una vez iniciado el procedimiento, éste continuará por el mismo órgano actuante, por lo que afecta a las actuaciones relativas al grupo, con la nueva entidad representante.

En cada entidad dependiente, que no sea representante del grupo, que sea objeto de inspección como consecuencia de la comprobación de un grupo fiscal, se desarrollará un único procedimiento de inspección. Dicho procedimiento incluirá la comprobación de las obligaciones tributarias que se derivan del régimen de tributación individual del IS y las demás obligaciones tributarias objeto del procedimiento e incluirá actuaciones de colaboración respecto de la tributación del grupo por el régimen de consolidación fiscal.

El **plazo de prescripción del derecho de la Administración para determinar la deuda tributaria del IS del grupo fiscal,** mediante la oportuna liquidación, se interrumpirá:

- Por cualquier actuación de comprobación e investigación realizada con la sociedad representante del grupo respecto del IS.

- Por cualquier actuación de comprobación e investigación relativa al IS realizada con cualquiera de las sociedades dependientes, siempre que la sociedad representante del grupo tenga conocimiento formal de dichas actuaciones.

Las circunstancias a que se refieren los apartados 4 y 5 del artículo 150 de la LGT, que se produzcan en el curso de un procedimiento seguido con cualquier entidad del grupo afectarán al plazo de duración del procedimiento seguido acerca de la sociedad representante y del grupo fiscal, siempre que la sociedad representante tenga conocimiento formal de ello. La concurrencia de dichas circunstancias no impedirá la continuación de las actuaciones inspectoras relativas al resto de entidades integrantes del grupo.

El periodo de extensión del plazo a que se refiere el apartado 4 del artículo 150 de la LGT se calculará para la sociedad representante y el grupo teniendo en cuenta los periodos no coincidentes solicitados por cualquiera de las sociedades integradas en el grupo fiscal. Las sociedades integradas en el grupo fiscal podrán solicitar hasta 60 días naturales para cada uno de sus procedimientos, pero el período por el que se extenderá el plazo de resolución del procedimiento de la sociedad representante y del grupo no excederá en su conjunto de 60 días naturales.

El artículo 195 del RGAT en los apartados 5 y 6 fija criterios sobre cómo debe **documentarse la investigación** debiendo diferenciar:

- En los expedientes seguidos acerca de cada entidad dependiente, que no sea representante del grupo, se desglosará, a efectos de la tramitación, de la siguiente forma:

» Expediente relativo al IS, en el que se incluirá la diligencia resumen a que se refiere el apartado 3.g) del artículo 98 del RGAT. Este expediente se remitirá al órgano que esté desarrollando las actuaciones de comprobación e investigación de la sociedad representante y del grupo fiscal.

» Otro expediente relativo a las demás obligaciones tributarias.

• La documentación del procedimiento seguido acerca de la entidad representante del grupo se desglosará, a efectos de su tramitación, de la siguiente forma:

» Un expediente relativo al IS del grupo fiscal, que incluirá las diligencias resumen de las entidades dependientes.

» Otro expediente relativo a las demás obligaciones tributarias objeto del procedimiento.

RESOLUCIÓN RELEVANTE

Sentencia de la Audiencia Nacional, rec. 642/2017, de 20 de julio de 2020, ECLI:ES:AN:2020:2250

Asunto: Necesidad o no de seguir procedimiento de comprobación de todas las dominadas para regularizar su situación tributaria y la del grupo.

«Este precepto no obliga a inspeccionar cada una de las entidades del grupo para la comprobación de las obligaciones tributarias del grupo.

Por tal razón no podemos compartir la afirmación actora en orden a que la liquidación correspondiente al Grupo Fiscal no podría incluir ningún ajuste que proceda de esas sociedades.

Cuando las actuaciones inspectoras tienen alcance general o este no se señala, la liquidación que pone término a las actuaciones de comprobación, es una liquidación definitiva, aunque la comprobación se haya centrado en parte de las entidades integrantes del grupo, teniendo en cuenta que las entidades del grupo no comprobadas ya no pueden ser inspeccionadas posteriormente por los períodos a los que se refería la inspección.

Ello resulta, sin lugar a dudas, del artículo 65 del RDL 4/2004

(...)

Por lo tanto, la sociedad dominante ostenta la representación del Grupo Fiscal, y las actuaciones que se realizan con ella en relación al Grupo afectan a todo él.

No se aprecia irregularidad invalidante por el motivo alegado».

CUESTIÓN

¿A qué circunstancias se refieren los apartados 4 y 5 del artículo 150 de la LGT?

El apartado 4 del artículo 150 de la LGT señala la posibilidad del obligado tributario de solicitar uno o varios periodos en los que la inspección no podrá efectuar actuaciones con el obligado tributario y en los que quedará suspendido el plazo para atender a los requerimientos efectuados al mismo. Estos períodos no podrán exceder en su conjunto de 60 días naturales para todo el procedimiento.

Por su parte, el apartado 5 establece que la aportación de documentación, tras haber manifestado el obligado tributario que no la aportaría, determinará la extensión del plazo máximo de duración del procedimiento inspector por un período de 3 meses, siempre que la aportación se produzca una vez transcurrido al menos 9 meses desde su inicio.

Especialidades del procedimiento inspector tributario: declaración de responsabilidad

El artículo 196 del RGAT regula los supuestos en los que, en el curso de un procedimiento de inspección, el órgano actuante tenga conocimiento de hechos o circunstancias que pudieran determinar la **existencia de responsables a los que se refiere el artículo 41 de la LGT**.

Cuando aparece esta situación el órgano de inspección trasladará el conocimiento de tales hechos al órgano de recaudación el cual podrá acordar el inicio del procedimiento para declarar la responsabilidad. En caso de que el alcance de la responsabilidad incluya las sanciones será necesario que se haya iniciado previamente el procedimiento inspector.

En el apartado 2 del artículo 196 del RGAT se refiere al trámite de audiencia del responsable:

- El trámite de audiencia se realizará con posterioridad a la formalización del acta al deudor principal y, cuando la responsabilidad alcance a las sanciones, a la propuesta de resolución del procedimiento sancionador al sujeto infractor.

- Durante el trámite de audiencia deberá dar, en su caso, la conformidad expresa a la que se refiere el apartado 4 del artículo 41 de la LGT.

El acuerdo de declaración de responsabilidad habrá de dictarse con posterioridad al acuerdo de liquidación al deudor principal o, en su caso, de imposición de sanción al sujeto infractor.

En los supuestos en los que la ley disponga que no es necesario el acto previo de derivación de responsabilidad, las actuaciones inspectoras de comprobación e investigación podrán realizarse directamente con el responsable. En estos supuestos, las actas se formalizarán y las liquidaciones se practicarán a nombre del responsable.

> **A TENER EN CUENTA**. Salvo en este supuesto del párrafo anterior, el responsable no tendrá la condición de interesado en el procedimiento de inspección o en el sancionador y se tendrán por no presentadas las alegaciones que formule en dichos procedimientos.

ANEXO.
CASOS PRÁCTICOS

Caso práctico | ¿Cabe la nulidad de las actuaciones inspectoras si el procedimiento no se inicia en el año natural al que corresponde el Plan de Inspección?

PLANTEAMIENTO

Una empresa es incluida en un plan de inspección mediante acuerdo del inspector coordinador el 26 de octubre de 2022. Sin embargo, la notificación del inicio del procedimiento se produce el 20 de febrero de 2023.

La empresa interpone recurso en el que solicita la nulidad de pleno derecho de las actuaciones al entender que se ha incumplido el plazo fijado en el apartado 5 del artículo 170 del RGAT.

¿Cabe la nulidad de las actuaciones inspectoras si el procedimiento no se inicia en el año natural al que corresponde el Plan de Inspección?

RESPUESTA

El plazo que se establece en el artículo 170.5 del RGAT está dirigido a ordenar la actividad propia de la Administración tratándose, por tanto, de una norma organizativa. No constituye una norma esencial del procedimiento inspector y por tanto su inobservancia no conlleva la nulidad de las actuaciones inspectoras.

El artículo 170 del RGAT en su apartado 5 establece:

> «El plan o los planes parciales de inspección recogerán los programas de actuación, ámbitos prioritarios y directrices que sirvan para seleccionar a los obligados tributarios sobre los que deban iniciarse actuaciones inspectoras en el año de que se trate».

El TEAC ha señalado de manera reiterada, por todas **resolución vinculante del Tribunal Económico Administrativo Central n.° 6593/2017, de 15 de diciembre de 2020**, que los Planes de Inspección son la fórmula elegida por la Administración tributaria para dirigir y coordinar las actuaciones de comprobación e investigación.

Si bien es cierto que se aprueban anualmente, ello no supone que si, transcurrido el año en el que fueron cargadas en el plan, las actuaciones no son iniciadas, deba efectuarse una nueva orden de carga.

El Tribunal Supremo en la **sentencia n.° 1824/2017, de 27 de noviembre, ECLI:ES:TS:2017:4325**, se ha pronunciado sobre la naturaleza de ese límite temporal del apartado 5 y las consecuencias de que se observe en las actuaciones de la inspección.

Señala el Alto Tribunal que el principal parámetro normativo de los planes es el artículo 116 de la LGT que se limita a establecer una secuencia anual en lo que se refiere a la elaboración de los Planes, sin disponer nada sobre el plazo en que habrá de iniciarse el procedimiento de inspección una vez haya sido seleccionado el contribuyente.

Indica, así mismo, que la reserva de ley existente sobre el procedimiento administrativo previsto en la letra c) del artículo 105 de la CE resulta difícilmente compatible con la aceptación de que por vía reglamentaria puedan establecerse causas de nulidad de pleno derecho.

En la sentencia el TS se sitúa dialécticamente en la hipótesis de que el apartado 5 del artículo 170 del RGAT contiene una regla temporal de que, una vez efectuada la selección del contribuyente mediante la emisión de una orden de carga que lo incluya en un Plan anual concreto, el procedimiento de inspección debe ser iniciado antes de que finalice el año natural. Ahora bien, aún bajo esta posibilidad, el Alto Tribunal establece que este plazo no sería esencial y por ello **su incumplimiento solo determinaría una irregularidad no invalidante.**

Caso práctico | «Dies a quo» del plazo del art. 150.7 LGT en caso de desfase temporal entre notificación de resolución al interesado y a la AEAT

PLANTEAMIENTO

Por el TEAC se dicta resolución en la que se acuerda anular los actos que habían sido impugnados por el obligado tributario y en la que se ordena retrotraer las actuaciones a fin de que se cumplimentara el trámite de audiencia del artículo 188.3 del RGAT. Esta resolución se notifica a la parte recurrente en un plazo de 34 días, mientras que, se necesitaron 126 días para notificarla al órgano competente para la ejecución, de tal forma que entre la notificación al contribuyente y la notificación a la AEAT mediaron 92 días.

Para el cómputo del plazo máximo del procedimiento inspector del apartado 7 del artículo 150, ¿en qué día debe fijarse el *dies a quo* del plazo?

RESPUESTA

En caso de que la dilación en la notificación a la Administración sea imputable exclusivamente a la misma y dirigida a beneficiar y facilitar su actuación supone que se deba incluir el período de la dilación indebida en el cómputo del plazo del apartado 7 del artículo 150 de la LGT, de tal forma que el *dies a quo* ha de situarse en la fecha de la notificación al recurrente.

Para dar respuesta a este caso podemos acudir a la **sentencia del Tribunal Supremo n.º 458/2024, de 14 de marzo, ECLI:ES:TS:2024:1593**. En ella se señala que ciertamente el apartado 7 del artículo 150 de la LGT establece un plazo y determina que el mismo se inicia, en el caso de retroacción de las actuaciones inspectoras, en el momento de recepción del expediente por el órgano competente para ejecutar la resolución.

Ahora bien, señala el TS que no se puede obviar que en el caso de una dilación imputable en exclusiva a la Administración y dirigida a beneficiar y facilitar la actuación de la misma, procede restablecer la situación jurídica del contribuyente que no puede verse perjudicado. El desfase temporal entre la notificación del acuerdo al interesado y a la Administración tributaria, sin que exista justificación razonable alguna ni concurran circunstancias objetivas excepcionales que lo justifiquen, cuando además ha sido buscado a propósito para procurar una ventaja a la Administración, vulnera el principio de buena administración en su manifestación de dilaciones indebidas y el derecho de todo obligado tributario a que las actuaciones de comprobación o inspección se desarrollen en los plazos previstos en la ley.

Para poder restaurar las garantías y derechos del contribuyente, en estos casos, debe conllevar a incluir el período de la dilación indebida en el cómputo del plazo del apartado 7 del artículo 150 de la LGT, de tal forma que el inicio del cómputo ha de situarse en la fecha de la notificación del recurrente, al no existir motivo para no haber simultaneado ambas notificaciones.

Es importante señalar que, para poder establecer el dies a quo en el momento de la notificación al obligado tributario, debe atenderse al caso concreto ya que es preciso establecer que el desfase es excesivo y que con el mismo se haya buscado beneficiar a la Administración, tal como podemos observar en la **resolución del Tribunal Económico Administrativo Central n.° 7039/2022, de 19 de julio de 2024**, que establece como criterio:

> «Compartiendo los pronunciamientos expuestos por la Audiencia Nacional en sentencia de 17 de abril de 2024 (rec. 315/2021), en este caso, como en el analizado en la sentencia de referencia, el desfase temporal de 69 días (un plazo inferior a los 92 días a los que se refiere el Tribunal Supremo en su sentencia de 14/03/2024, (rec. casac.3050/2022), entre el momento en que se notificó la resolución del TEAR que ordenó la retroacción a la reclamante y el momento en que se notificó al órgano encargado de ejecutarla, no puede considerarse excesivo, porque, además, ni se alega, ni se desprende del expediente, circunstancia alguna que permita deducir que, con ese desfase, se hubiera buscado deliberadamente por la Administración procurarse ventaja alguna en el avance del procedimiento de ejecución en detrimento de los derechos de la interesada, estando acreditado que dicho procedimiento no se inició efectivamente hasta que se recibió la resolución del TEAR en sede del órgano competente para ejecutarla.
>
> Criterio reiterado en resolución TEAC de 19-11-2024 (RG 7890-2022)».

Caso práctico | ¿Los requerimientos de información previos al procedimiento inspector tributario deben computarse en su plazo máximo?

PLANTEAMIENTO

La Administración tributaria ha desarrollado un procedimiento inspector frente a un obligado tributario. El procedimiento inspector se inició mediante comunicación al obligado el 17 de mayo de 2022 y finaliza mediante acta de disconformidad el 3 de octubre de 2023.

Con anterioridad al inicio del procedimiento la Administración había realizado varios requerimientos de información al obligado con base en el artículo 93 de la LGT y art. 30 del RGAT. Teniendo en cuenta que el plazo máximo para las actuaciones con carácter general es de 18 meses (apartado 1 del artículo 150 de la LGT), el obligado se plantea si sería posible establecer el inicio de ese plazo en los requerimientos previos realizados por la Administración.

RESPUESTA

El inicio del procedimiento inspector únicamente podrá entenderse desde el primer requerimiento efectuado por la Administración, cuando la actuación de la Administración se dirija a burlar la regla general mediante la intención fraudulenta de alargar en el tiempo la duración del procedimiento inspector.

Sobre esta cuestión se ha pronunciado el Tribunal Supremo en **sentencias como la STS n.º 935/2020, de 7 de julio, ECLI:ES:TS:2020:2222**, en la que el Alto tribunal señala que los requerimientos de obtención de información dirigidos a los obligados tributarios y relativos al cumplimiento de sus propias obligaciones tributarias no suponen el inicio del procedimiento inspector, aunque la información obtenida se tenga en cuenta en el posterior procedimiento de investigación o comprobación, ya que la regla general establece que estamos ante actuaciones distintas y separadas.

Ahora bien, la jurisprudencia establece como excepción, entre otras, en la **STS n.º 479/2019, de 8 de abril, ECLI:ES:TS:2019:1311**, que podría excluirse la compatibilidad entre el requerimiento de información y la posterior actividad en un procedimiento de investigación, si pudiera concluirse que a través de los requerimientos de información se pretenda incurrir en fraude de ley. En estos casos se debería entender iniciado el procedimiento de investigación en la fecha del requerimiento de información. Ahora bien, para ello será preciso que se constate esa finalidad de incurrir en fraude de ley.

En la **resolución del TEAR de Madrid n.º 28/21591/2023, de 17 de diciembre de 2024**, encontramos un ejemplo de una situación en la cual los requerimientos de información eran de tal envergadura y transcendencia que el órgano entiende que el procedimiento inspector debe entenderse iniciado con el primer requerimiento.

Caso práctico | Efectos en el procedimiento inspector tributario cuando se aprecien indicios de delito contra la Hacienda pública

PLANTEAMIENTO

La Administración tributaria está llevando a cabo un procedimiento inspector en el que aprecia indicios de delito contra la Hacienda pública. ¿Qué efectos produce en el procedimiento inspector?

RESPUESTA

Las consecuencias de la existencia de indicios de delito en el procedimiento inspector se encuentran reguladas en el capítulo IV del título V del RGAT.

1. La Administración tributaria se abstendrá de practicar la liquidación vinculada al delito en los siguientes casos:

- Cuando la tramitación de la liquidación administrativa pueda ocasionar la prescripción del delito.

- Cuando de la investigación o comprobación, no pudiese determinarse con exactitud el importe de la liquidación o no hubiera sido posible atribuirla a un obligado tributario concreto.

- Cuando la liquidación administrativa pudiese perjudicar de cualquier forma la investigación o comprobación de la defraudación.

Se suspenderá el cómputo del plazo del procedimiento inspector por la remisión del expediente al órgano competente para interponer la denuncia o querella. La devolución del expediente por el Ministerio Fiscal que no vaya seguida de una interposición de querella ante la jurisdicción competente por parte de la Administración tributaria, así como la inadmisión de la denuncia o querella, o la resolución judicial firme en la que no se aprecie la existencia de delito, determinarán la continuación del procedimiento inspector.

2. En caso de que no concurran circunstancias que impidan dictar liquidación se dictará una propuesta de liquidación vinculada al delito en la que se expresarán, con el detalle que sea preciso, los hechos y fundamentos de derecho en que se base la misma, haciendo constar el derecho del obligado tributario a efectuar alegaciones.

Una vez dictada la liquidación administrativa, la Administración tributaria pasará el tanto de culpa a la jurisdicción competente o remitirá el expediente al Ministerio Fiscal y el procedimiento de comprobación finalizará, respecto de los elementos de la obligación tributaria regularizados mediante dicha liquidación, con la notificación al obligado tributario de la misma, en la que se advertirá de que el período voluntario de ingreso sólo comenzará a computarse una vez que sea notificada la admisión a trámite de la denuncia o querella correspondiente.

3. En los casos en que, por un mismo concepto impositivo y periodo, quepa distinguir elementos vinculados a un posible delito contra la Hacienda Pública, junto

con otros elementos no vinculados a dicho delito se efectuarán dos liquidaciones provisionales de manera separada:

- Propuesta de liquidación vinculada a delito que comprenderá los elementos que hayan sido objeto de declaración, en su caso, a los que se sumarán todos aquellos elementos en los que se aprecien indicios de delito y se restarán los ajustes a favor del obligado tributario a los que éste pudiera tener derecho en ese periodo.

- Acta de inspección que comprenderá la totalidad de los elementos comprobados, con independencia de que estén o no vinculados con el posible delito. En estos casos, la cantidad resultante de la propuesta de liquidación vinculada a delito, minorará la cuota de la propuesta de liquidación contenida en el acta.

4. En caso de que en el proceso penal se dictara sentencia condenatoria por delito contra la Hacienda Pública:

- Si la cuota defraudada determinada en el proceso penal fuera idéntica a la liquidada en vía administrativa, no será necesario modificar la liquidación realizada, sin perjuicio de la liquidación de los intereses de demora y recargos que correspondan.

- Si la cuantía defraudada determinada en el proceso penal difiriera, en más o en menos, de la fijada en vía administrativa, la liquidación vinculada a delito deberá modificarse en ese sentido.

5. En caso de que en el proceso penal no se apreciara la existencia de delito por inexistencia de la obligación tributaria, la liquidación vinculada a delito previamente dictada será anulada, siendo de aplicación las normas generales establecidas al efecto en la normativa tributaria, en relación con las devoluciones de ingresos y el reembolso del coste de las garantías.

6. Procederá la retroacción del procedimiento inspector al momento anterior a aquél en que se dictó la propuesta de liquidación vinculada a delito, en los siguientes casos:

- Devolución del expediente por el Ministerio Fiscal que no vaya seguida de una interposición de querella ante la jurisdicción competente por parte de la Administración tributaria.

- Inadmisión de la denuncia o querella.

- Auto de sobreseimiento.

- Resolución judicial firme en la que no se aprecie delito, por motivo diferente a la inexistencia de la obligación tributaria.